U0910583

国学经典丛书

名家注评本

增广贤文 格言联璧

[清]金缨等 编

张齐明 注评

长江出版传媒

长江文艺出版社

图书在版编目（CIP）数据

增广贤文·格言联璧 /（清）金缨等编 ；张齐明注评. -- 武汉 ：长江文艺出版社，2015.7(2023.9 重印)
（国学经典丛书）
ISBN 978-7-5354-8041-5

Ⅰ. ①增… Ⅱ. ①金… ②张… Ⅲ. ①古汉语—启蒙读物②格言—汇编—中国—古代③《格言联璧》—注释 Ⅳ. ①H194.1②H136.3

中国版本图书馆 CIP 数据核字(2015)第 109438 号

责任编辑：胡金媛　　责任校对：毛季慧
封面设计：新华智品　　责任印制：邱　莉　杨　帆

出版：长江出版传媒　长江文艺出版社
地址：武汉市雄楚大街 268 号　　邮编：430070
发行：长江文艺出版社
电话：027—87679360
http://www.cjlap.com
印刷：三河市百盛印装有限公司

开本：880 毫米×1230 毫米　1/32　　印张：6.75
版次：2015 年 7 月第 1 版　　2023 年 9 月第 3 次印刷
字数：129 千字

定价：68.00 元

总 序

郭齐勇　武汉大学国学院院长

国学大师钱穆先生曾说“今人率言‘革新’，然革新固当知旧”。对现代人尤其是青年一代来说，缺乏的也许不是所谓的“革新力量”，而是“知旧”，也即对传统的了解。

中国文化传统的源头，都在中国古代经典当中。从先秦的《诗经》《易经》，晚周诸子，前四史与《资治通鉴》，骚体诗、汉乐府和辞赋，六朝骈文，直到唐诗、宋词、元曲和明清小说，在传统经典这条源远流长的巨川大河中，流淌着多少滋养着我们精神的养分和元气！

《说文解字》上说“经”是一种有条不紊的编织排列，《广韵》上说“典”是一种法、一种规则。经与典交织运作，演绎中国文化的风貌，制约着我们的日常行为规范、生活秩序。中国文化的基调，总体上是倾向于人间的，是关心人生、参与人生、反映人生的，当然也是指导人生的。无论是春秋战国的诸子哲学，汉魏各家的传经事业，韩柳欧苏的道德文章，程朱陆王的心性义理，还是先民传唱的诗歌，屈原的忧患行吟，都洋溢着强烈的平民性格、人伦大爱、家国情怀、理想境界。尤其是四书五经，更是中国人的常经、常道。这些对当下中国人治国理政，建构健康人格，铸造民族精魂都具有重要意义。经典是当代人增长生命智慧的源头活水！

长江文艺出版社历来重视中华民族优秀传统文化的传播及普及，近年来更在阐释传统经典、传承核心文化价值，建构文化认同的大纛下努力向中国古典文化的宝库掘进。他们欲推出《国学经典丛书》，殊为可喜。

怎么样推广这些传统文化经典呢？

古代经典和现代读者的阅读习惯及趣味本来有一定差距，如果再板起面孔、高高在上，只会让现代读者望而生畏。当然，经典也不是任人打扮的小姑娘，一味将它鸡汤化、庸俗化、功利化，也会让它变味。最好的办法就是，既忠实于经典的原汁原味，又方便读者读懂经典，易于接受。在这个原则的指导下，《国学经典丛书》首先是以原典为主，尊重原典，呈现原典。同时又照顾现实需要，为现代读者阅读经典扫除障碍，对经典作必要的字词义的疏通。这些必要精到的疏通，给了现代读者一把打开经典大门的钥匙，开启了现代读者与古圣先贤神交的窗口。

放眼当下出版界，传统文化出版物鱼目混珠、泥沙俱下，诸多出版商打着传承古典文化的旗号，曲解经典，对现代读者尤其是广大青少年认知传承经典起了误导作用。有鉴于此，长江文艺出版社推出的《国学经典丛书》特别注重版本的选取。这套丛书30个品种当中，大多数择取了当前国内已经出版过的优秀版本，是请相关领域的名家、专业人士重新梳理的。这些版本在尊重原典的前提下同时兼顾其普及性，希望读者能有一次轻松愉悦的古典之旅。

种种原因，这套丛书必然会有缺点和疏漏，祈望方家指正。

目　　录

增广贤文

[清]无名氏　编撰

导　言

《增广贤文》是中国古代影响较为深远的一部蒙学经典，它与其他蒙学教材有显著的不同，它并不以发蒙识字为主要目的，而是注重“知人论世”能力的养成。或许正因为如此，《增广贤文》的读者群远远超过了一般的蒙学教材，其社会影响更为深远。即使到了今天，其中的许多箴言隽语，我们也是耳熟能详，脱口而出，日用而不知。经典之所以为经典，就在于其流传的久远与广布，在于其历久弥新的时代性，以此言之，《增广贤文》可谓是一部能够代表中国古代蒙学文化的优秀经典，也是一部我们今天仍然可以从中汲取养料的宝贵典籍。

《增广贤文》的作者和具体的刊行时间已经无法确知，我们目前能够看到的最早提到《增广贤文》的材料，是明代万历年间的戏曲《牡丹亭》。据此可以推知，《增广贤文》至少在明代万历年间就已经成书。《增广贤文》在清代多次刊刻，并且不断增补修订，可以说该书是成于众人之手。尽管不同版本在内容上有所不同，但总体上内容大致稳定，目前我们常见的《增广贤文》通行本，大约4000字。清代同治年间，儒生周希陶对《增广贤文》进行了重新修订，将原文重新按照平韵、上韵、去韵、入韵分类编排，对部分内容和语句进行了删改。修订后《增广贤文》（称为《重订增广贤文》）失去了通行本通俗易懂的特点，增加了学究味道。修订本也许在内容上更加精确，更加符合儒家的礼仪道德，但也因此与一般民众拉开了距离，流传并不广泛，民众中更为流行的还是我们常见的通行本。因此，我们这次整理评点《增广贤文》，选用的是《增广贤文》的通行本，而不是《重订增广贤文》。当然在整理、注释时，常常借助《重订增广贤文》来校正通行本的一些文字错误。

《增广贤文》是以韵文的形式汇集编排历代的贤言隽语、处世箴言，内容涵盖礼仪道德、典章制度、为人处世、读书修身、生命感悟等诸多方面。其中绝大部分内容直接选自儒释道各家经典、史籍典故、诗文歌赋及戏曲小说，还有一些内容直接来自民间俚语，可谓通俗易懂、生动直观。作者在开篇就直接交代了《增广贤文》的编写宗旨。在作者看来，先贤们的人生感悟是非常宝贵的精神养料，为了让更多的人汲取这些养料，将它们按照韵文的形式采集编排成书，以便人们诵读。诵读这些优秀的言论，可以增长我们的知识，开阔我们的眼界，让我们不犯或少犯错误。

人是历史的产物，已为陈迹的历史从来没有远去过，它不仅塑造了过去，也在塑造着我们的当下。“以史为鉴”，不仅是一种现实的策略性需要，更是人类文化传承、发展的必然选择。因此，今天重读经典，重读《增广贤文》不仅仅可以帮助我们了解优秀的传统文化，更为重要的是认识、理解我们自身的需要。当然，随着时代的发展，人们的道德意识、思想观念也发生了深刻变化，《增广贤文》中的一些思想观念可能已经不适应我们这个时代了，这是我们在阅读时必须加以注意的。此外，《增广贤文》还描述了不少庸俗的人际关系和社会现象，这些丑陋的社会现象，当下仍然存在。但我们并不能因此就肯定其合理性，甚至作为为人处世的基本原则加以接受。对于这些消极、陈腐的内容，我们在阅读时应当以批判的态度加以分析和抵制。

本书在编写时充分考虑了阅读对象的知识结构及学习的基本要求，我们将《增广贤文》尽可能按照内容的相关性划分为长短不一的段落，对需要注释的文字给出了较为详尽的注释，并针对每一段落给出一个简单的点评，以帮助读者更好地理解原文。

本书在校点、注释中，借鉴和吸收了前贤今彦的成果，鉴于本书的体例，恕不一一注明。由于水平有限，错误之处难免，不当之处，尚祈指正。

昔时贤文，诲汝谆谆[①]，集韵增广，多见多闻。观今宜鉴古[②]，无古不成今。

【注释】

①诲：教导，告诫。谆谆：诚恳不倦的样子，语出《诗·大雅·抑》：“诲尔谆谆，听我藐藐。”意思是讲的人不知疲倦，听的人却若无其事。

②鉴：本意是指用来盛水的青铜大盆，后来亦指镜子，引申为观察、借鉴的意思。

【简评】

作者开篇就直接交代了《增广贤文》的编写宗旨。先贤们的人生感悟是非常宝贵的精神养料，为了让更多的人汲取这些养料，作者将它们按照韵文的形式采集编排成书，以便人们诵读。在作者看来，通过诵读这些优秀的言论，可以增长我们的知识，开阔我们的眼界，让我们不犯或少犯错误。人是历史的产物，已为陈迹的历史从来没有远去，它不仅塑造了过去，也在塑造着我们的当下。“以史为鉴”，不仅是一种现实的策略性需要，更是人类文化传承、发展的必然选择。

知己知彼[1]，将心比心。酒逢知己饮，诗向会人吟[2]。相识满天下，知心能几人。相逢好似初相识，到老终无怨恨心。

【注释】

①知己知彼：出自《孙子·谋攻》："知己知彼者，百战不殆。"指在作战时，对敌我双方的态势要全面了解，才能战无不胜。在此处，是指与人相处，必须了解自己并了解和体谅对方。

②会人：这里指能理解诗所表达的情感的人。

【简评】

认识自己与认识他人，是每个人在生活中都会面临的处境。一个人要了解自己的想法，同时也需要了解别人的想法。了解自己不容易，了解别人更难，唯一的方法就是将心比心，也就是要做到"己所不欲，勿施于人"。

近水知鱼性[1]，近山识鸟音[2]。

【注释】

①鱼性：鱼儿的生活习性。

②鸟音：鸟的鸣叫声。

【简评】

古人说话常常用"比兴"的方式。在说某一物时，通常不直接说出来，而是先说他物，再引出自己想说的，这就是譬喻和起兴。在这里，作者借鱼性、鸟语阐释一个深刻的道理：对人或其他事物的认识，必须要建立在深入了解和观察的基础之上。要了解鱼儿的生活习性，必须经常到水边去观察；要懂得鸟儿的鸣叫声，就必须经常到山林中去聆听。

易涨易退山溪水，易反易复小人心。

【简评】

人有君子和小人之分，要区分君子和小人，就必须了解小人的心性。小人的一个重要特征就是反复无常，言而无信。这就像山中的溪水一样，落雨时就快速上涨，湍急而下，雨一停，水位就迅速下降，甚至断流。这句话告诉我们，为人一定不要像溪水那样涨落无常，要言而有信。

运去金成铁，时来铁似金。

【简评】

一件事情能否成功，常常要由“天时”、“地利”、“人和”等诸多因素共同决定。中国古人将影响事情能否成功的诸多因素归结为“运”或者“命运”。中国古代有着非常发达的“命运”思想和观念，人们总是用命运来解释生活中的祸福穷达。一个人运气不在了，珍贵的金子也会变成不值钱的一堆烂铁；一个人时来运转了，烂铁也会变成黄金。应该说，这里所讲的“运去”、“时来”，是古人不能掌握自己命运时的一种无奈的消极思想，其实天时不如地利，地利不如人和，事在人为，一个人应该以积极的心态去面对人生。

读书须用意，一字值千金[①]。

【注释】

①一字值千金：语出《史记·吕不韦列传》，吕不韦与其门客编写完《吕氏春秋》这本书后，“布咸阳市门，悬千金其上，延诸侯游士宾客有能增损一字者予千金。”意思是，将书公布在咸阳市门之上，同时在上面悬挂千金，凡是能增减书中一个字的人，就将千金赐给他。后常常用来形容一部书的价值极高或文章的精美。千金：秦人以一镒为一金。

【简评】

这里借用了吕不韦编著《吕氏春秋》的典故，来说明我们在读书时要用心思考，不放过任何一个细节。战国末期，商人吕不韦成了秦国的丞相，为了提高自己的声望，他组织大批门客，编著了《吕氏春秋》这本书。书成之后，吕不韦下令将书稿公布在咸阳的市门上，同时悬挂千镒黄金，宣称凡是能增加、减去书中一个字的，就将黄金赏赐给他。每一本优秀的书，都是作者智慧的结晶，我们在阅读时要发扬"一字千金"的精神，认真思考每一个细微之处，才能汲取书中的智慧，从而从阅读中取得进步。

逢人且说三分话[1]，未可全抛一片心。

【注释】

①且：仅，只。

【简评】

《增广贤文》中有许多关于如何与人交往的告诫。比如这一则中，强调的是人心叵测，与人交往时要慎言慎行。与他人交谈，要话说三分，点到为止，留有余地，不要把心里话全部说出来。必须指出的是，强调与人交往要谨慎，无疑是有一定道理的。但是谨慎并不是不以诚待人，"未可全抛一片心"并不是一种正确的与人交往的方式，我们在阅读时与实际处事时要加以辨别。

有意栽花花不发，无心插柳柳成荫。

【简评】

十分想做一件事时，投入大量的精力却不一定能够成功；而对一件事没有过多执念的时候，有时却能不经意地达到目的。这告诉我们，对于生活中的很多事情，正确的态度应该是顺其自然，不必强求。保持超脱、超越的生活态度，才能在生活中获得更多的平静与快乐。

画虎画皮难画骨，知人知面不知心。

【简评】

认识一个人的表面很容易，但是要深入了解一个人的内心是很难的，所谓“唯有人心相对时，咫尺之间不能料”，就是这个意思。因此，在人际交往中，我们应该提高警惕，有选择、有辨别性地交友。

钱财如粪土，仁义值千金。

【简评】

孔子曾说过：“不义而富且贵，于我如浮云。”意思是，违背仁义道德而获得的钱财和社会地位，就像天上的浮云一样。中国人向来有重仁义、轻富贵的传统。这里用更通俗的语言，说明了同样的道理，那就是钱财如粪土，而一个人的美好道德却价值千金！尽管时代不同了，道德的标准也有所不同，但人们轻富贵、重道德的价值选择却不应该改变。

流水下滩非有意，白云出岫本无心①。当时若不登高望，谁信东流海洋深。路遥知马力，事久知人心。

【注释】

①白云出岫本无心：出自东晋陶渊明《归去来兮辞》：“云无心以出岫，鸟倦飞而知返”，意思是白云从山洞中自然而然地飘出，鸟儿倦了就回巢。岫（xiù）：山洞。

【简评】

深入了解和认识一个人是非常难的，常常需要经历过许多事情才能做到。正如此则中所说的，“路遥知马力，事久知人心。”自然界的许多现象也是如此，滩头湍急而下的流水并非刻意为之，山洞中飘出的白云也是无心之举，一切都是自然而然。如果不是登高而望，就不会相信滔滔东流之水都会汇入深深的大海。由此可见，我们观察到的现象并不一定是事物的本来面目，一个人的言行并不一定代表他内心的真实想法。常常需要相处很久，同甘苦，共患难，才能真正地了解一个人。

两人一般心[①]，无钱堪买金[②]；一人一般心，有钱难买针。

【注释】

①一般：相同，同样。

②堪：可以，能够。

【简评】

“二人同心，其利断金”，古人以此来说明团结的重要性。这里用买金和买针两相对比，更加通俗直观，同样说明团结一心的重要。团结就是力量，历史和现实反复证明了这一点。

相见易得好，久住难为人[①]。

【注释】

①久住：长期相处，长久生活在一起。

【简评】

生活中，常常会有这样的感觉，人们初次相见时往往相处融洽，但是天天待在一起，日子久了反而会产生各种矛盾。这一则就是这种生活经验的总结。当然，不论是亲人还是朋友之间，相处贵在真诚。只要真诚相待，处理好各种矛盾，即使天天在一起，也能和睦相处，友谊长久！

马行无力皆因瘦，人不风流只为贫。

【简评】

瘦弱的马，跑起来就没有力气。人处于穷困潦倒时，就很难展现风流倜傥的一面。外在的条件无疑会对人产生一定的影响，然而，外在条件固然重要，却并不能决定一切。瘦弱的马也可以变得强壮，穷困潦倒的人，照样可以风采卓异，“真名士自风流”，“穷且益坚，不坠青云之志”，一个人的才华和品质更多取决于自身的努力。

饶人不是痴汉[①]，痴汉不会饶人。

【注释】

①饶：宽恕，原谅。痴汉：痴笨、偏执的人。

【简评】

“得饶人处且饶人”，与人为善，是一种优秀的品格。与人相处，要以宽恕之心待人，要原谅和忘记别人的过错，不要斤斤计较，睚眦必报。什么是宽恕？“己所不欲，勿施于人”，自己不喜欢的也就不要强加给别人。生活中，我们都希望自己是一个聪明的人，不偏执的人，那么就从“饶人”开始行动吧！

是亲不是亲，非亲却是亲。美不美，乡中水；亲不亲，故乡人。

【简评】

人们之间的亲疏远近，并不完全依靠血缘关系。相亲相爱，不是亲人可以胜似亲人。反过来，如果不能和睦相处、相互关爱，即使是亲人也可能形同路人。这个世界有许多令人感动的美好情感，让我们流连难忘，历久弥新，乡情就是其中之一。美不美，家乡的水；亲不亲，故乡的人。

莺花犹怕春光老[①]，岂可教人枉度春[②]。相逢不饮空归去，洞口桃花也笑人[③]。红粉佳人休使老[④]，风流浪子莫教贫。

【注释】

①莺花：啼鸣的黄莺和盛开的鲜花，这里借指春天里美好的景色。

犹：尚且，还。

②岂：怎么。教：使，令，让。枉度：虚度。

③洞口桃花也笑人：李白《当涂赵炎少府粉图山水歌》有“若待功成拂衣去，武陵桃花笑煞人。”“洞口桃花也笑人”当是化用了“武陵桃花笑煞人”一句。另徐铉《题紫阳观》有“洞口桃花落复开”。意思是，知己相逢不能痛饮尽欢，连寂寞隐逸的洞口桃花也会笑话你。

④休：不，不要。

【简评】

许多美好时刻常常转瞬即逝。黄莺啼鸣，鲜花盛开，多么美好的春色！然而时序更替，青春易老，所以我们要抓住人生的每一个机会，珍惜美好的景色。值得我们珍惜的，不仅仅是自然的美景，更有那把盏的知己，红粉的佳人，不羁的浪子，体现了作者“人生得意须尽欢”的及时行乐思想倾向，但也启迪我们要珍惜青春时光，莫要虚度人生，无疑还是具有一定积极意义的。

在家不会迎宾客，出外方知少主人。黄金无假[①]，阿魏无真[②]。客来主不顾，应恐是痴人。贫居闹市无人问，富在深山有远亲。

【注释】

①黄金：一说“黄金”乃“黄芩”，也是一种中药，比较常见。上下文看很合理，但缺乏版本上的证据。

②阿魏：多年生草本植物，可以入药，产于西域（今天中亚、阿富汗及我国新疆一带），由于比较珍贵，很少见到真品，所以说“阿魏无真”。

【简评】

中国自古号称礼仪之邦，洒扫庭院，应对宾客，礼尚往来，是子女教育的一项重要内容。《增广贤文》中有许多这种教人待客之道的内容。该怎样善待宾客呢？作者说一个人如果不懂得待客之道，自己外出时就不会得到别人热情的接待，这是一种换位思考。他还用“黄金无假，阿魏无真”来强调待客必须真诚。当然，在与人交往中，也难免会出现趋炎附势之徒，有时会有身居闹市却无人问津的尴尬，也会有远离尘世却门庭若市的烦扰，这是不争的事实。但我们也不必为此伤怀，毕竟亲戚朋友是我们人生中值得珍惜的财富。

谁人背后无人说，哪个人前不说人。

【简评】

生活中很多人都会议论他人，也同样会成为他人议论的话题。然而这种议论常常是道听途说，以讹传讹，大多不必当真，更不必为此伤怀。在生活中我们应该坚持自己的正确选择，不要轻易被他人的评论左右。

有钱道真语，无钱语不真。不信但看筵中酒，杯杯先劝有钱人。

【简评】

本则讽刺了趋炎附势的心态，很多人以金钱财富为价值判断标准，唯有钱人马首是瞻。作者用生动通俗的语言，准确细微地刻画了这种丑态，我们在阅读时要读出作者的讽刺和批判精神。

闹里有钱，静处安身。来如风雨，去似微尘①。

【注释】

①微尘：本为佛教用语，指极为细微的物质，这里用来比喻人生命的短暂与无意义。

【简评】

繁华的闹市常常有许多商业机会，能够给我们带来许多物质财富。但真正能安放生命，让身心保持一份纯真的，并不是这些声色犬马之地，而只能是幽静偏僻的地方。其实，“心远地自偏”，静处并不一定非要静身独处，远离尘世，只要我们拥有一颗平和而安逸的心灵，自然处处都可以安放我们的生命。如何能做到“心远地自偏”呢？须历尽铅华之后，领悟到生命短暂，如风雨微尘，飘忽不定。

长江后浪推前浪，世上新人赶旧人。近水楼台先得月，向阳花木早逢春[①]。莫道君行早，更有早行人。

【注释】

①近水楼台先得月，向阳花木早逢春：据《清夜录》记载，此句诗系苏麟献给范仲淹的自荐诗，原文作“近水楼台先得月，向阳花木易为春”，略有不同。

【简评】

长江的后浪推着前浪，人世也是如此，从来都是“江山代有才人出”，每个时代都有自己的时代骄子，我们不要妄自菲薄。但是，并不是所有人都能成为时代的骄子，机会只给予那些能够抓住机遇的人，月亮、太阳普照万物，近水楼台、向阳花木，都是因为它们自身拥有了一定的条件，才能“先得”、“早逢”。所以，我们不要去羡慕那些近水楼台与向阳花木，而是要做一个路上的“早行人”。

莫信直中直[①]，须防仁不仁。山中有直树，世上无直人。

【注释】

①直中直：直译为正直者的正直，根据上下文应该是指那些表面上正直的所谓“正直的人”。

【简评】

正直是一种非常美好的品格，但是这个世界上还有虚伪的人，特别是那些道貌岸然，以“正直”伪装的人，因此，作者说不要相信那些表面正直的人，要防备他们心怀不仁。另一方面，我们也不能因为有虚伪者就否定一切人，相信这个世界终究还是有许多正直而善良的人。作者所宣称的“世上无直人”的观念，是错误和有害的，如果我们每个人都以此行事，那么世界上也就真的没有正直和善良的人了。

自恨枝无叶，莫怨太阳偏。大家都是命，半点不由人。

【简评】

生活中，有成功者，有失败者。面对成功或失败，很多人不去思考原因，而是将之简单地归结为命运。命运的观念在中国古代非常盛行，《增广贤文》中有许多类似的主张，本则就是。作者在这里宣扬一切都是命，“半点不由人”，这是彻底的唯命论，否定和放弃了个人的努力，是不正确的。

一年之计在于春[①]，一日之计在于寅[②]。一家之计在于和，一生之计在于勤。

【注释】

①计：计划，谋划，打算。

②寅：古代以干支计时，将一天按子、丑、寅、卯、辰、巳、午、未、申、酉、戌、亥分为十二个时辰，寅时相当于今天的凌晨3—5时。

【简评】

凡事预则立，许多事情都要预先谋划打算，这就要求我们抓住机遇，早作打算。对于一年而言，要抓住春天；一天而言，要抓住清晨。提前打算好每一年、每一天要做的事情，这样就会目标明确，做事井井有条。不仅在时间安排上是如此，其他方面也是如此。对于一家人而言，家庭和睦与团结就是最重要的“一家之计”，而贯穿个人一生的最为重要的就是勤奋努力，也就是这里所说的“一生之计在于勤”。不论是一年、一日、一家还是一生，贯穿始终的就是严谨的生活态度和勤勉的个人品质，这才是真正的人生之计。

责人之心责己，恕己之心恕人。守口如瓶，防意如城[①]。宁可人负我，切莫我负人[②]。再三须慎意，第一莫欺心。

【注释】

①防意：坚守意志，不产生邪念。

②负：亏待，辜负。

【简评】

生活中，有的人对他人求全责备，对自己却要求很低，害怕承认错误，承担责任。其实，与人相处时，更应该严格要求自己，宽厚对待他人，只有这样才能得到他人的善待。宽则得众，说的就是这个道理。朋友之间，要信守诺言，慎言慎行，做到守口如瓶，有时候宁愿自己吃亏，也不要亏待他人。凡此种种，都是人生经验的总结，今天读来，仍然让我们受益匪浅。

虎生犹可近，人熟不堪亲[①]。来说是非者，便是是非人。

【注释】

①人熟不堪亲：有的版本作“人毒不堪亲”，意思是人心肠狠毒，不可亲近。但从上文“虎生犹可近”，对应而言，应是“人熟不堪亲”更符合上下文语境。

【简评】

人与人之间有时关系非常复杂，很难相处，充满了是是非非。杜绝了是非，就可以减少人与人之间的矛盾。那些主动向你议论别人是非，向你示好的人，常常就是一个搬弄是非，制造矛盾的人。懂得这一点，也许就可避免许多不必要的流言蜚语，减少是非，人与人之间的关系就变得简单起来，也就不会出现作者所感慨的“虎生犹可近，人熟不堪亲”的情形。

远水难救近火，远亲不如近邻。

【简评】

邻里之间是我们最为重要的人际关系之一。好的邻里关系不是亲人，却胜似亲人。在危难之时，邻居常常是第一个施援者。水虽然可以灭火，但是远在他处的水再多也无法扑灭发生在近处的火灾。同样，亲人也是如此，生活中很多时候，远方的亲人有时还不如和我们朝夕相处的邻居。

有茶有酒多兄弟，急难何曾见一人。人情似纸张张薄，世事如棋局局新。山中也有千年树，世上难逢百岁人。

【简评】

《增广贤文》中有许多对人情淡薄的感慨。这里特别批评了那些平常我们称为酒肉朋友的人，这些人在你辉煌成功时，与你分享成果，但在你紧急危难之时，却杳无踪影。这是对社会上部分现象的观察得出来的，但如果以此就将之推及所有人，从而说“人情似纸张张薄”，这就是以偏概全了。其实，酒肉朋友固然不少，但共患难，终生不离不弃的好朋友又何尝没有呢？所以，我们在阅读本则时，一定要辩证地看待作者的观点，对人情淡薄的批评，也许恰恰体现了对真善美的一种迫切的向往。

力微休负重[①]，言轻莫劝人。无钱休入众，遭难莫寻亲。

【注释】

①休：不要。负：承担，背。

【简评】

做事之前，不妨想想自己是否有能力承担后果，这就像一个人，体力轻微却想背起沉重的东西，压垮了自己也损害了物品，得不偿失。做事如此，与人相处也是如此。人微言轻，就不要去劝说别人，省得令人厌烦。没有钱财，也就不要去周旋应酬，打肿脸充胖子，这样做只会令你尴尬。通常情况下，人们在遭遇困难时，常常会去寻求亲友的帮助。但这里却说“遭难莫寻亲”，为什么呢？第一，这是《增广贤文》中一贯的观念，它一直反复强调“人情淡薄”，亲情靠不住；第二，亲友的能力毕竟也是有限的，客观上解决不了问题；第三，如果不注意平时情感的联系，仅仅困难时才想起亲友，他们也未必倾力相助。以上都是在告诫我们，无论是做人还是做事，都要做到量力而行，把握好自己的分寸。

平生莫作皱眉事，世上应无切齿人[①]。

【注释】

①切齿：咬牙切齿，非常痛恨。

【简评】

本则意在劝谏人们要谨小慎微，不要做令人不愉快的事情，这样就不会有人痛恨你。道理直观，语言直白，有其积极的一面。但是，世界上许多时候，许多事，也需要敢作敢为，为了国家、人民的福祉，得罪一些人也在所不惜。因此，应该辩证地看待作者这一劝诫，不能因为害怕招致痛恨，就什么都不做了。

士者国之宝，儒为席上珍[①]。

【注释】

①席：筵席。珍：珍馐美味。

【简评】

中国自古就有尚智崇贤的传统，士人与儒生，就是智者与贤人的代表。早期的士可能指武士，是统治阶级的一部分。因古代学在官府，只有士以上的贵胄子弟才有文化知识，故士又成了有一定知识和技能之人的称呼。春秋中晚期，士的阶层出现了分化，士逐渐演化为具有较高文化素养、从事精神文化活动的知识分子。秦汉之后，儒与士合流，人们将社会中那些具有儒家济世情怀，崇尚气节，从事政治、文化活动的知识分子称为士人，士与儒基本上是同义词。士人与儒生一直是中国古代社会中最具活力的社会阶层，是中国古代社会的栋梁。因此，这里称士人是国家的宝贵财富，儒生就是筵席上珍贵的美味，表达了对士人与儒生的高度尊重。此外，它还包含某种期许与鼓励，让更多的人立志成为其中的一员。

若要断酒法[1]，醒眼看醉人。

【注释】

①断酒：戒掉酒瘾。

【简评】

本则探讨了什么是最好的戒酒方法。中国古人饮酒的历史非常早，而且古人早就认识到了过量饮酒特别是醉酒的危害，《尚书》中更是将之上升到了国家生死存亡的高度。正因为如此，如何戒酒也成为古人经常讨论的重要话题。在作者看来，要戒酒，最为根本的就是饮酒者认识到醉酒的危害，从而在主观上主动抵制饮酒。必须指出，一种不良行为的戒除，主观上认知还是不够的，有时还需要外在的强制性的约束。

求人须求大丈夫，济人须济急时无[1]。渴时一滴如甘露[2]，醉后添杯不如无。

【注释】

①济：接济，帮助。

②甘露：甘甜的露水。

【简评】

本段告诉我们，帮助别人要做到急人所难，雪中送炭。助人为乐，无疑是一种美德，是值得肯定的行为。但是，帮助的时机与方式也是非常重要的。对于陷入困境，急需帮助的人，我们要救人于水火，倾尽全力。而那种锦上添花，醉后添杯之事，实质上并不是真心帮助别人。孔子曾说过，“君子周急不济富”，君子只周济急难中的人，不接济有钱人。尽管表述方式不同，但所表达的意思是一样的。

久住令人嫌[1]，频来亲也疏。

【注释】

①嫌：看不起。

【简评】

本则告诫我们，与人相处一定要注意保持距离，不可过于亲密，否则，就会令人生厌，甚至反目成仇。当然，保持距离并不是指刻意疏远别人，而是指相互尊重，说话做事要顾及对方的感受。

酒中不语真君子[1]，财上分明大丈夫。

【注释】

①不语：不胡言乱语。

【简评】

真君子和大丈夫，在这里是同义词，都是指那些拥有人格魅力的人，他们为人们所称赞。那么怎么样才能拥有这样的人格魅力呢？在作者看来，并不需要惊天动地的伟业，只要做到喝酒时不胡言乱语，处理钱财光明磊落，就是真君子了。这么说是非常有道理的，因为高尚的品德常常体现在日常的琐事中。生活经验告诉我们，喝了酒的人容易失去平日的矜持与掩饰，常常会忘乎所以。同样如此，面对钱财，人们也常常会难抵诱惑。细微之处见品性。是不是真君子，是不是大丈夫，酒与财的考验往往能见真章。这也同时告诉我们，真君子与大丈夫并非高不可及，只要我们每个人从细微处做起，修身养性，严于律己，就可以拥有与他们一样的人格魅力。

出家如初[1]，成佛有余。

【注释】

①出家：佛教用语，指放弃家庭生活，成为僧侣，到沙门清修的行为，又称“从释”。初：开始的时候，当初。

【简评】

本则借佛教出家成佛来阐明一个道理：人生贵在坚持。我们知道，出家成佛是许多佛教信徒出家时的主要动力，他们在出家之初，都是怀着成佛的一片虔诚之心，放弃各种因缘的诱惑，离开尘世，选择清修。然而，并没有多少人能一直坚守当初的选择，常常又抵御不了各种红尘诱惑，开始追求各种享受。此时，身在世外，却心系红尘，又怎么能指望还能成佛呢？对于我们普通人而言，也许并没有成佛的愿望，但道理相同，那就是必须坚守人生的理想，并持之以恒。《诗经》中所说的“靡不有初，鲜克有终”，也是同样的意思，那就是人们做事开头都很好，但是却很少有人能坚持到终点。

积金千两，不如明解经书[1]。养子不教如养驴，养女不教如养猪。有田不耕仓廪虚[2]，有书不读子孙愚。仓廪虚兮岁月乏[3]，子孙愚兮礼义疏。同君一席话，胜读十年书。人不通今古，马牛如襟裾[4]。

【注释】

①经书：指中国古代被儒家尊为经典的文化典籍，一般指《诗》、《书》、《礼》、《易》、《春秋》等，称为五经，后来发展为九经、十三经，明清时期经书成为科举考试的主要内容，加上《大学》、《中庸》、《论语》、《孟子》(合称为四书)，这里的“经书”应指“四书五经”。

②仓廪：仓库。

③兮：古代汉语中的助词，没有实际意义。乏：贫乏，匮乏。

④人不通今古，马牛如襟裾：语出韩愈《符读书城南》诗："人不通今古，马牛如襟裾"。襟（jīn）裾（jū）：衣服的前后襟部分，借指人的衣服。意思是，人们如果不通晓古今，就像穿了衣服的马牛一样。

【简评】

中国自古就有重视教育、尊重知识的传统，这里用通俗易懂的比喻，阐明读书明理的重要性。书籍是人类社会知识与智慧传递的重要载体，也是道德教化的重要载体，因此，读书是人们摆脱愚昧、明白事理的重要途径。所以，作者用黄金、仓廪、马牛等作喻体，反复强调读书的重要性。当然，人学习的方式是多种多样的，不要教条，有时与贤达君子一席聊天，胜过读书十年，这并不是否认读书的重要性，而是指出读书重在明白事理。在作者看来，一个人如果不能博古通今，就像穿了衣服的马牛一样，与动物有什么区别呢。虽然时代不同了，古代的经书可能并不全部适合今天了，但尊重知识，热爱读书，是亘古不变的真理。

茫茫四海人无数，哪个男儿是丈夫。

【简评】

本则出自俗语，但包涵了对人生的一种领悟，以反问的形式，既表述了对好男儿、大丈夫的人格特质的赞扬，同时也是对社会生活的一种批评，毕竟这个世界男子汉大丈夫还是太少了。

白酒酿成缘好客，黄金散尽为收书[①]。

【注释】

①白酒酿成缘好客，黄金散尽为收书：语出唐代吕岩《题沈东老壁》："西邻已富忧不足，东老虽贫乐有余。白酒酿来缘好客，黄金散尽

为收书。”

【简评】

“黄金散尽为收书”出自唐代吕岩的诗句，表达了对书籍、知识的渴求，也表述了一种非常豁达乐观、安贫好客的人生境界，十分令人向往。

救人一命，胜造七级浮屠[①]。城门失火，殃及池鱼[②]。

【注释】

①浮屠：亦作浮图，佛教用语，是梵语的音译。意思是塔、佛塔。

②城门失火，殃及池鱼：语出北齐杜弼《檄梁文》：“但恐楚国亡猿，祸延林木，城门失火，殃及池鱼。”意思是楚国的猿猴逃跑了，会祸害到林木，城门失火了，池水中的鱼儿也会遭殃。说明世上的许多事，看上去没有关系，但实际上是相关的。

【简评】

本则是劝人向善，尊重生命的名言，广为人们所引用，影响深远。“城门失火，殃及池鱼”则生动形象地说明了事物之间联系的广泛性。城门失火与池水中的鱼，看上去毫不相关，其实却密切相关。城门失火，人们会用池水去扑灭，那么池水中生活的鱼儿就会受到影响。这告诉我们，在生活中，不要有置身事外的想法，关爱他人，就是关爱自己。

庭前生瑞草[①]，好事不如无。欲求生富贵，须下死工夫。百年成之不足，一旦败之有余[②]。

【注释】

①瑞草：祥瑞的草，如灵芝等较为罕见的草本植物。在中国古代，人们认为自然界的一些现象是可以表达天意的，是吉祥的征兆，如天现祥云，天降甘露，地出甘泉，田生嘉禾等，其中也包括瑞草。

②一旦：一天之间，形容时间极为短暂。

【简评】

要取得成功，不能有任何侥幸，必须付出艰辛的努力，持之以恒，以免功亏一篑。中国古代有根深蒂固的祥瑞观念，认为自然界的某些奇异现象是成功的一种征兆，可以预示个人、家庭乃至国家的福瑞。然而，在作者看来，家庭生了瑞草，并不见得就是福瑞，如果因此沾沾自喜，放弃努力，那么这样的吉兆反而成为成功的障碍。美好的生活，需要艰苦的奋斗，需要我们常怀警惕之心，从而避免努力付之东流。

人心似铁，官法如炉[①]。善化不足，恶化有余。

【注释】

①官法：国家的法律、法规。炉：冶炼用的锅炉，这里用来比喻国家法律对人民的教化和惩处。

【简评】

本段强调的是对人要加强教化，从而避免人的种种恶行。中国古代有性善和性恶两种观念，其实，不论是性善还是性恶，最后都落脚于如何去改变人类行为中的恶。性善论认为要通过道德修养来恢复人善良的本性，性恶论认为要通过外在约束来革除人性中的恶，总而言之，都是强调人需要教化和修身。这里将人性比喻为铁，必须通过锅炉的冶炼才能锻炼而成，而且，人性非常脆弱，向善的教化一旦不够，就会导致恶行的发生。

水至清则无鱼，人至察则无徒[①]。知者减半[②]，省者全无[③]。

【注释】

①水至清则无鱼，人至察则无徒：语出《大戴礼记·子张问入官》："水至清则无鱼，人至察则无徒。"意思是水过于清澈，就没有鱼，人过于苛求就没有朋友。

②知：通"智"。

③省者全无：省，清醒，醒悟，彻悟。另有版本作“愚者全无”。

【简评】

与人相处时，不要过于苛求别人。众所周知，如果水过于清澈，鱼就无法生存。与人相处也是如此，一个人如果过于苛责别人，容不得别人犯错误，就不会有朋友，也没有人愿意与你交往。人们之所以会苛求别人，就在于常常会自以为是，认为自己是智者，什么都懂，“举世混浊我独清”，世界上只有自己是清醒的。其实，世上的智者并不多，一直清醒的人根本没有。人们常说“金无足赤，人无完人”，怎么可能有所谓的“省者”呢？

在家由父，出家从夫[①]。痴人畏妇，贤女敬夫。

【注释】

①出家：指女性出嫁后离开自己原来的家庭。

【简评】

本段所宣扬的是中国古代社会的一种家庭伦理道德，其实质是对女性的禁锢和压迫。古代中国社会是一个男权社会，所谓的父权、夫权都是对女性的束缚。作者宣称女性在未嫁时，必须听从于父命，出嫁后听从于丈夫，这是古代社会大力提倡的伦理道德，是针对女性的基本道德规范。这种对女性权利的限制，无疑是一种陈旧的伦理道德，在提倡男女平等的今天，理应受到批判。

是非终日有，不听自然无。宁可正而不足[①]，不可邪而有余。宁可信其有，不可信其无。

【注释】

①正：正直的人。不足：生活贫困。

【简评】

这段所阐释的是一种人生智慧和生活态度。生活中，有许多是是非非，如果受其困扰，我们就会无所适从，所以，面对是非，我们唯一的选择就是不理它。这不是回避，不是胆怯，而是一种智慧。人生在世，有时会面临很多选择，富贵与正直之间，何去何从呢？人当然不能为了富贵而放弃正直的品性，孔子曾说过："不义而富且贵，于我如浮云。"就是这个意思。生活中，有时也会遇到无法确定的事，作者告诫我们，必须采取谨慎的态度，不可盲目乐观，有些事情要宁可信其有，预先防范，才能避免可能的伤害。这些都是人生经验的总结，今天读来仍然让我们受益匪浅。

竹篱茅舍风光好，道院僧堂终不如①。命里有时终须有，命里无时莫强求。道院迎仙客②，书堂隐相儒③。庭栽栖凤竹④，池养化龙鱼⑤。

【注释】

①道院僧堂：指道观、寺庙。

②仙客：这里指仙风道骨般高雅脱俗的宾客。

③相儒：能够辅佐君主、治理国家的读书人。

④栖凤竹：凤凰栖息的竹子。

⑤化龙鱼：鲤鱼，古代相传鲤鱼越过龙门就可以化为龙。

【简评】

本段描述的是作者心目中的一种理想居住环境。在作者看来，寺庙道观虽然清雅，远离尘世，然而终究少了一份天然、纯真，因此，远远不如竹篱茅舍。理想的居住环境，不仅仅需要美丽的自然风光，还需要典雅的人文氛围，"谈笑有鸿儒，往来无白丁"，作者希望与自己往来的都是些"仙客"和"相儒"。居住环境的选择，也是一种人生志趣的表现，我们从中的确读出了一种淡泊、宁静、清新的人生理想。而之所以如此坦然、淡泊，却是因为作者相信人生的一切都是命中注定的。这种宿命论的观点，是我们在阅读时必须加以抵制的。

结交须胜己[①]，似我不如无。但看三五日[②]，相见不如初。

【注释】

①胜己：超过自己，比自己优秀。

②但：只要。

【简评】

这段讲的是与人交友之道。应该交什么样的朋友呢？作者认为应该与比自己优秀的人做朋友，这样才会有帮助。看上去，这似乎是一种功利的交友方式，如果每个人都选择比自己优秀的人做朋友，按照这个逻辑，大家不就都没有朋友了。这句话应当从其积极方面来理解，这里所强调的是要善于寻找朋友身上的闪光点，寻找自己的不足，相互学习，相互激励，共同进步。孔子也曾说过类似的话，“无友不如己者”，意思是不要和不如自己的人做朋友，可见孔子也是赞同这一点的。朋友的选择很重要，友谊的维系则更加重要，不要像生活中的一些朋友，认识才没几天，相互之间就已经淡漠了。

人情似水分高下，世事如云任卷舒[①]。会说说都是，不会说无礼。

【注释】

①卷舒：指云彩一会卷起，一会展开，这里用来比喻世事无常，变化多端。

【简评】

本段以流水自分高下，云彩任意舒展变化，来说明人情世事的无常，从而表述了作者非常超然的人生态度。生活中，还有一种不好的现象：那些能说会道，巧舌如簧的人，无论说什么都像是对的，而不善言谈的人，由于无法准确表达自己的真实情感和想法，容易让人误解他不懂礼节。由此看来，学会正确的表达也很重要。

磨刀恨不利[①]，刀利伤人指。求财恨不得，财多害自己。知足常足，终身不辱。知止常止，终身不耻[②]。有福伤财，无福伤己。

【注释】

①恨：遗憾。以刀不利为恨，意思是唯恐刀不锋利。

②知足常足，终身不辱。知止常止，终身不耻：《老子·四十四章》作“故知足不辱，知止不殆，可以长久”，与本处文字略有区别。意思是知道满足的，就不会受辱，知道适可而止的，就不会有危险。

【简评】

本段说的是人要懂得知足常乐，要懂得适可而止。生活中，常常会欲求不得，欲速不达，这是一种人生的辩证法。特别是在钱财、名利、地位的追求上，更是如此。那些贪得无厌的人，欲壑难填，利欲熏心，不知道进退，最终常常人财两空，蒙受羞辱。

差之毫厘，失之千里[①]。若登高必自卑，若涉远必自迩[②]。三思而行，再思可矣[③]。使口不如自走[④]，求人不如求己。

【注释】

①差之毫厘，失之千里：语出《礼记·经解》：“《易》曰：‘君子慎始，差若毫厘，缪以千里。’”意思是极其细小的差错，都会相去千里。

②若登高必自卑，若涉远必自迩：出自《礼记·中庸》：“君子之道，辟如行远必自迩，辟如登高必自卑。”意思是，君子所奉行的道，就像登上高处必须从低处开始，行向远方必须从近处开始。

③三思而行，再思可矣：语出《论语·公冶长》：“季文子三思而后行。子闻之曰：‘再，斯可矣。’”意思是季文子每件事要考虑多次才行

动，孔子听说这件事，说："想两次也就可以了。"

④使口不如自走：意思是与其费口舌去支使别人，不如自己去做。

【简评】

本段强调做事要慎重、周密，深思熟虑，而且要脚踏实地。本段中的前三则，分别出自《礼记》和《论语》两部重要儒家经典，从不同侧面，说明为人行事的道理。毫厘之差，却可以导致千里之失，意在告诫我们做事必须严谨周密。严谨周密，就需要在行动前反复思考。另一方面，做事情也不要"三思而行"，那样反而会有顾虑，束手束脚。谨慎的态度，周密的计划，还需要脚踏实地、一步一个脚印地去落实，不要将理想挂在墙上。登高涉远，都始于足下！

小时是兄弟，长大各乡里。妒财莫妒食，怨生莫怨死。

【简评】

本段两则是民间谚语。谚语虽然通俗直白，但同样富有深意。童年时的形影不离的亲密兄弟，长大后各奔东西，常常会因为出身、地位、职业、贫富、区域等诸多因素，而形同路人，变得生疏。鲁迅先生所写的小说《故乡》中关于闰土的故事，就是一个很好的例证。第二则强调的是人不要过于狭隘，要有宽恕之心。

人见白头嗔[①]，我见白头喜。多少少年亡，不到白头死。

【注释】

①嗔（chēn）：生气，发怒。

【简评】

人生易老。生活中，有的人无法平静地接受这一事实，常常为自己长了白发而生气发怒。其实，老年是人生的自然阶段，不是衰败，不是低落，更不是尽头，应该珍惜自己的老年时光，以乐观、积极、豁达的态度，迎接人生的老年阶段。满头白发，更应该感谢生命对我们的厚爱，让我们拥有了人生最美的“夕阳红”。

墙有缝，壁有耳[①]。好事不出门，恶事传千里。

【注释】

①壁有耳：指墙壁后面有耳朵在偷听。

【简评】

本段主要告诫人们要多一份敬畏心理，千万不要以为可以神不知鬼不觉地为非作歹，不要有丝毫侥幸心理。日常俗语中，“世上没有不透风的墙”、“纸里包不住火”说的也是这个意思。

贼是小人，知过君子[①]。君子固穷，小人穷斯滥也[②]。贫穷自在，富贵多忧。不以我为德，反以我为仇。宁向直中取，不可曲中求[③]。

【注释】

①知：通“智”。

②君子固穷，小人穷斯滥也：出自《论语·卫灵公》，意思是君子安守穷困，小人穷困便会胡作非为。固：坚守，安守。滥：泛滥，这里指胡作非为。

③宁向直中取，不可曲中求：据说姜尚在未得志时，曾经在一条小溪边用直钩钓鱼，樵夫问他为什么用直钩钓鱼，他回答说：我是宁向直中取，不向曲中求。这是一个民间传说，它所传递的是一种生活态度：做人要堂堂正正，不要为了达到目的而去委曲求全甚至不择手段。

【简评】

本段几则是围绕着人的生活态度而展开的，其中最为重要的就是如何在贫困与富贵之间做出取舍。君子与小人的区别常常就在于面对人生贫困的境地，是否还能坚守正直，是否还能安于贫困。有人说，贫困是最好的试金石，这无疑是有道理的。正直的君子，必然会做到“宁向直中取，不可曲中求。”其他两则所描述的社会现象，也具有一定的道理，比如贼人并不一定比君子愚笨，他们非常聪慧，但仍然是小人。再如“不以我为德，反以我为仇”，是对社会上忘恩负义，以怨报德现象的批评。

人无远虑，必有近忧[①]。晴天不肯去，只待雨淋头。

【注释】

①人无远虑，必有近忧：语出《论语·卫灵公》，意思是人如果没有长远的考虑，一定就会有近在眼前的忧患。虑：考虑，打算。

【简评】

人生的忧虑有许多种，或为国家，或为个人。这些忧虑，包括对未来不确定的忧心，也包括一片忠心不为人所知的痛苦。在作者看来，这些忧虑都是必要的。因为忧虑，才可能未雨绸缪，早作打算，把握好时机，从而拥有一个美好的未来。

知我者谓我心忧，不知我者谓我何求[①]。

【注释】

①知我者谓我心忧，不知我者谓我何求：语出《诗经·王风·黍离》，意思是了解我的，认为我内心忧愁；不了解我的，还以为我别有欲求。

【简评】

这一则表达的是一片衷心，不为人所知的痛苦。一片衷肠不为人知，反被人误解，这是最大的痛苦，也是难以言表的无奈。

成事莫说[①]，覆水难收[②]。是非只为多开口，烦恼皆因强出头。忍得一时之气，免得百日之忧。近来学得乌龟法，得缩头时且缩头。惧法朝朝乐[③]，欺公日日忧[④]。

【注释】

①成事莫说：语出《论语·八佾》："子闻之曰：'成事不说，遂事不谏，既往不咎。'"意思是凡是已经做成了的事情，再说也无益，不如不说；未做但已经成定局的事情，再劝也无益，就不必劝；已经做过的事情，再责备也无益，就不必去责备。

②覆水难收：语出范晔《后汉书·何进传》："国家之事易可容易？覆水不收，宜深思之。"意思是泼出去的水，再也收不回来了。

③惧法：害怕法律惩处。

④欺公：欺骗国家，这里指各种违法的行为。

【简评】

本段主要是告诫人们如何明哲保身，其中有些思想是消极的，必须引起我们的注意。在作者看来，生活中各种是非，都是因为自己逞强出头惹的麻烦，因此，人要学会忍气吞声，甚至主张向乌龟学习，做一个逆来顺受、明哲保身的人。这些思想是错误的，生活在今天这个时代，作为公民，要积极参与各种事务，要敢于担当。当然，其中有些主张也不无道理，比如"成事莫说"，已经发生的事就不要再斤斤计较、喋喋不休地去说它了，要面向未来。再比如要时刻保持对法律的敬畏，这样并不是软弱与畏惧，而恰恰可以让我们不会因为违法而提心吊胆，每一天都坦荡、快乐地生活。

人生一世，草生一春[①]。黑发不知勤学早，看看又是白头翁。月到十五光明少，人到中年万事休[②]。

【注释】

①草木一春：有版本做“草木一秋”，意思相同。指草木每年春天发芽，秋天就枯萎。用来比喻生命的短暂。

②休：休止，结束。

【简评】

中国古代有许多劝人珍惜时间，努力学习的箴言，本段的几则也分别从不同方面，强调人在少年、青年时代就要懂得珍惜生命，努力向学。人生是短暂的，不虚度人生，就要抓住人生最为宝贵的青少年时代，因为青春转瞬即逝。其实，人生的每一个阶段都需要学习。无论是黑发，还是白翁，都不能浑浑噩噩地度过，所谓“人到中年万事休”的说法，过于悲观，是错误的。

儿孙自有儿孙福，莫为儿孙作马牛。人生不满百，常怀千岁忧①。

【注释】

①人生不满百，常怀千岁忧：语出汉代乐府《古诗十九首》中的第十五首，意思是人一生不超过一百岁，却常常为千年后的事发愁。表述了一种人生苦短，及时行乐的思想。

【简评】

中国人自古就注重家庭伦理，父母常常为子女劳碌奔波一生，甚至甘心为子女做牛做马，本段就是批评这种社会现象。作者认为，父母并不需要为子女的幸福负责，他们应该自我拼搏，通过努力，去争取自己的幸福。这在今天，仍具有很重要的现实意义。要改变这种现象，需要父母与子女的共同努力。一方面，父母要豁达，不要为孩子过于操劳奔波；另一方面，子女也应该自立自强，不要过于依赖父母。家庭伦理更多地应该是一种亲情，而不是物质财富上的义务。

今朝有酒今朝醉，明日愁来明日忧①。路逢险处难回避，事

到头来不自由。药能医假病，酒不解真愁。

【注释】

①今朝有酒今朝醉，明日愁来明日忧：出自唐人罗隐《自遣》诗，原文是“今朝有酒今朝醉，明日愁来明日愁”，略有差别。罗隐科举考试长期失意，自感前程渺茫，表达了一种悲愤无奈的心情。

【简评】

《增广贤文》中有许多主张是前后矛盾的，上文强调人要有远虑，这里又劝说人们要“明日愁来明日忧”，要学会及时行乐。这种矛盾，主要是因为本书是长期经过很多人整理选编而成的，不一致是正常的。其实，在不同的人生状态中，人自身也会有不同的情绪，所以，不论是“人无远虑，必有近忧”，还是“明日愁来明日忧”，都能找到某种共鸣。然而“今朝有酒今朝醉”就能排遣人的忧愁吗？当然不能，“酒不解真愁”。必须指出，这里所流露出的人生无奈、及时行乐的思想是错误的，“事到头来不自由”，就是因为没有长远打算，自身不努力的结果。

人平不语[①]，水平不流。一家有女百家求，一马不行百马忧。有花方酌酒[②]，无月不登楼。三杯通大道[③]，一醉解千愁。深山毕竟藏猛虎，大海终须纳细流。

【注释】

①人平不语：人感到了公平就不会再表示不满了。有版本作“人贫不语”，从下文“水平不流”看，应作“人平不语”。

②酌（zhuó）：斟酒。

③三杯通大道：出自唐人李白《月下独酌》：“三杯通大道，一斗合自然。”意思是喝酒三杯就能体会到超脱之道，饮酒一斗就完全合于自然之道。大道、自然，都是道家所推崇的人生效法自然的状态，是一种不羁于名利，完全自然的人生境界。

【简评】

中国古人非常擅长形象思维，喜欢用自然界的现象来阐释人生的一些道理，本段几则都是描述某种自然状态，但含不尽之意于言外，需要加以认真的体会。水的流动是因为高低不平有了落差，而人不平则鸣，认为不公平自然就会牢骚满腹。一群马有一匹突然不动了，其他的马就会犹豫不前，人类社会也是如此，许多时候人都会有从众心理，所以才会“一家有女百家求”。饮酒、赏月，需要情致雅兴，是人与自然的融合。没有盛开的鲜花，没有朦胧的月色，登楼饮酒就少了一份雅致。花下饮酒赏月固然是人生乐事，但“一醉解千愁”绝非真能排遣忧愁，不过是一种自我麻醉而已，并不值得效仿。

惜花须检点[①]，爱月不梳头。大抵选他肌骨好[②]，不擦红粉也风流。

【注释】

①检点：行为谨慎的样子。

②肌骨：这里指女性的容颜。

【简评】

本段是描述女性清新自然的美，表达了对女性美的尊重和欣赏。花、月都是比喻女性的美貌，这种美无需红粉相助，是自然的肌肤体态之美。

受恩深处宜先退，得意浓时便可休。莫待是非来入耳，从前恩爱反为仇。留得五湖明月在[①]，不愁无处下金钩。休别有鱼处，莫恋浅滩头。去时终须去，再三留不住。

【注释】

①五湖：所指不一，说法众多。根据《国语·越语》记载，范蠡乘轻舟隐于五湖，后来五湖就成为归隐的代指。

【简评】

本段几则都在讲一个人应该懂得进退，要学会保全自己。古代社会，人们之间地位不平等，社会关系常常是建立在知遇恩宠的基础之上，因此，一旦失去上级或君王的恩宠，那么就会失意，甚至有生命的危险。如何保全自己呢？作者认为应当未雨绸缪，在得意受恩宠之时就要及早抽身，早作打算。要懂得生命的珍贵，保全自己，不愁将来没有再次施展才华的机会。该离开就离开，不要留恋一时的荣华富贵，必须决绝果断。

忍一句，息一怒，饶一着[①]，退一步。

【注释】

①着：音 zhāo，下棋时走一步棋子、武术中一个动作都可以称为着数。

【简评】

本段告诫人们要懂得谦让之道，有时候退一步海阔天空。生活中少说一句话，平息一时的愤怒，不是软弱，而是一种谦让的美德，这样可以避免许多不必要的冲突。得饶人处且饶人，懂得忍让，展现出来的是一种大度，更是一个人良好道德修养的体现。

三十不豪[①]，四十不富，五十将来寻死路。生不论魂[②]，死不认尸。

【注释】

①豪：成为英豪。

②魂：古人所认为的人死后的一种精神存在方式。

【简评】

本段忠告人们要珍惜大好年华，不要待人生蹉跎，空有悔恨。道理浅白，语言直观，通俗易懂，读来令人警醒。至于“生不论魂，死不认尸”，今天已无法明确其具体含义。

父母恩深终有别，夫妻义重也分离。人生似鸟同林宿，大限来时各自飞[①]。

【注释】

①大限：死期。古人认为人的生命都是有定数的，称为“大限”，说某人大限已到就是死期到了。

【简评】

本段主要感慨人生无常，生命脆弱，也宣扬了一些看破红尘的悲观消极情绪。父母、夫妻无疑是人类社会中最基本的人伦关系，然而即使是牢固的亲密情感，在作者看来也会有离我们而去的时候。人生就像同林鸟，终究会各自飞离。在感慨生命脆弱，人生无常的同时，也让人产生了一种消极、无奈、悲观的不良情绪。其实，人类生命的长短也许是固定的，但是人们之间真挚美好的情感是比生命更加珍贵的。懂得这一点，不仅不应该看破红尘，反而更应该珍惜生命，守护情感。

人善被人欺，马善被人骑。人无横财不富[①]，马无夜草不肥[②]。人恶人怕天不怕，人善人欺天不欺。善恶到头终有报[③]，只争来早与来迟[④]。黄河尚有澄清日，岂可人无得运时。

【注释】

①横财：意外侥幸的财物。

②夜草：一作“野草”。

③报：因果报应。

④争：欠，差。

【简评】

本段主要讲善恶有报，意在劝人向善。是做善人还是恶人？为何这个世界善人不一定有好报呢？在叙述了“人善被人欺”、“人无横财不富”的不良社会现象之后，作者将所有向善的动力指向了上天，上天终究会奖赏行善者，惩罚作恶者，意在告诫大家要做一个善良的人。然而，依靠上天来奖励善人，惩罚恶人，终究是靠不住的，最为重要的是建立良好的社会机制，提升人民的道德素养，让更多的人拥有善良的品性。

得宠思辱，安居虑危。念念有如临敌日[①]，心心常似过桥时[②]。

【注释】

①念念：连续不断的意念，常常想。

②心心：与念念相同，时刻想。

【简评】

本段告诉人们要懂得居安思危的道理。安不忘危，一帆风顺时能戒骄忌躁，时刻保持警惕，如临大敌，小心翼翼，这是非常难得的。只有做到这样，才可能立于不败之地。

英雄行险道[①]，富贵似花枝。人情莫道春光好[②]，只怕秋来有冷时。

【注释】

①险道：艰险的道路。有人解释为古代出殡时开路的“险道神”，不可取。

②人情：众人的心理或愿望。

【简评】

人们都想做英雄，但是又有谁知道英雄之路的艰辛危险。人们都想拥有富贵，却不知道富贵就像枝头的鲜花，很快就会落去。再美好的春色，秋天来临时，也会枯萎。作者以此来告诫我们，名与利，就像枝头的鲜花，美丽的春光一样，都是转瞬即逝，徒有其表。而在其美丽光鲜的表面之下，隐藏着的却是无尽的艰辛与危险。

送君千里，终须一别[①]。

【注释】

①须：应当。

【简评】

本则表达了人们对美好情谊的珍重。南朝的江淹曾经在《别赋》中感慨“黯然销魂者，惟别而已。”亲人好友之间的分离，常常令人伤感。临行之际，人们总是送了又送，然而送得再远，终究还是要分别。这句话也是对人们伤感之情一种委婉的劝慰，既然分离不可避免，那么不妨相互珍重，期待早日相聚。

但将冷眼看螃蟹，看你横行到几时。

【简评】

本则表达了人们对横行霸道者的愤怒与痛恨。人世间总有许多令人愤怒的坏人，他们横行霸道，不可一世。善良的人们，看上去好像无能为力，但是，我们不妨冷眼旁观，看看这些横行的“螃蟹”，究竟能横行多久。天网恢恢，疏而不漏，善良终究会战胜邪恶。

见事莫说，问事不知。闲事休管，无事早归。

【简评】

这里所反映的是一种明哲保身，事不关己，高高挂起的人生态度。这种人生态度，是不对的。每个人都是社会的一个分子，社会福祉与我们休戚与共。如果因为害怕、恐惧或自私自利，不敢与不良现象作斗争，不敢维护公众利益，那么社会的福祉就无法实现，最终也会损害到个人的利益。因此，在现代社会，我们应当抛弃这种事不关己，高高挂起的为人处世态度，做一个积极的社会利益参与者和维护者。

假缎染就真红色[①]，也被旁人说是非。

【注释】

①缎：一种厚而光滑的丝织品。

【简评】

假的就是假的，再能装扮，仍然会被人议论批评。

善事可作，恶事莫为。许人一物[①]，千金不移[②]。

【注释】

①许：许诺，答应。

②移：改变。

【简评】

本则以直白通俗的语言教育人们，要行善不要作恶。人要坚守承诺，答应别人的事情，即使面临再大的诱惑也不能改变，这就是一诺千金。在与他人的交往中，诚信是最重要的品质之一，所谓“君子一言，驷马难追”，就是这个道理。

龙生龙子，虎生虎儿。龙游浅水遭虾戏，虎落平阳被犬欺[①]。

【注释】

①平阳：平坦的地方。

【简评】

龙是中国人所崇拜的一种想象中的动物，伟大如龙，一旦失去施展才能的平台，连小小的虾米都敢欺负它，更何况我们这些平凡的人呢？

一举首登龙虎榜[①]，十年身到凤凰池[②]。十年窗下无人问，一举成名天下知。

【注释】

①举：科举，是中国古代一种用考试选拔官吏的制度。龙虎榜：科举考试录取的榜单上都是有名望的人，这样的榜单被称为龙虎榜。语出《新唐书·欧阳詹传》："举进士，与韩愈、崔群、王涯、冯宿、庚承定联第，皆天下选，时称'龙虎榜'。"意思是欧阳詹参加科举考试，与韩愈、崔群、王涯、冯宿、庚承定等同时考上了，这些人都是天下最优秀的人才，当时人们称为"龙虎榜"。

②凤凰池：中书省的代称。语出《晋书·荀勖传》："勖久在中书，专管机事。……或有贺之者，勖曰：'夺我凤凰池，诸君贺我邪！'"荀勖长期在中书省，专门负责机要。后来升官了，调离中书省，人们祝贺他，荀勖说："夺了我的凤凰池，你们还祝贺我啊？"后来"凤凰池"就成了中书省的代称。这里指非常显要的官职。

【简评】

这段的主题是劝人向学。读书本来是为了明理，但是在中国古代将读书与做官联系起来，形成了通过考试来选拔官员的科举考试制度。在这种情况下，金榜题名，名扬天下，就成为人们读书的最大动力。这里列举了科举考试成功后的种种名利：龙虎榜、凤凰池，一举成名，身居要职。怎么样才能做到呢？必须经过十年寒窗苦读，承受种种人生的寂寞。然而与"一举成名天下知"的巨大诱惑相比，"十年寒窗无人问"也就不再痛苦。即使到了今天，生活中仍然有人用这些格言来劝人好好读书。

酒债寻常行处有，人生七十古来稀[①]。

【注释】

①酒债寻常行处有，人生七十古来稀：语出唐代诗人杜甫的《曲江》，意思是，作者到处都欠有酒债，之所以这么放纵饮酒，就在于活过七十岁的人自古就很少。表达了杜甫对人生不得志的一种愤激情绪。

【简评】

这则选自杜甫的《曲江》诗，联系该诗的创作背景和杜甫的生平，应该是为了表达作者对政治失意的一种愤激之情。但在日常生活中，后半句常常被引用，变为对高寿不易的感慨，与杜甫诗中的原意已经相去甚远。

养儿待老，积谷防饥。鸡豚狗彘之畜，无失其时[①]。数口之家，可以无饥矣[②]。常将有日思无日，莫把无时当有时。

【注释】

①鸡豚狗彘之畜，无失其时：语出《孟子·梁惠王上》。豚（tún），小猪。彘（zhì），猪。意思是对鸡猪狗的喂养，不要错过它们繁殖的时机。

②数口之家，可以无饥矣：语出《孟子·梁惠王上》，意思是几口人的家庭，就可以不挨饥饿了。

【简评】

本段所讲的都是如何持家。持家最为重要的是要会打算，有计划，要搞好生产，同时还需要节俭过日子。这里提到的第一点，是要做到“积谷防饥”，要做好平常的积蓄，以防备发生饥荒；第二点是养好各种家畜，这样可以确保数口之家不会挨饿；第三点，是要有节俭意识，就是要在有吃的时候多想想没有饭吃的日子，这样就自然不会浪费。这三点，即使在今天仍然非常有意义。

时来风送滕王阁[①]，运去雷轰荐福碑[②]。

【注释】

①滕王阁：位于江西南昌，为唐高祖李渊之子李元婴任洪州都督时所创建，因李元婴封为滕王，故称滕王阁。

②荐福碑：江西鄱阳荐福寺的寺碑，是唐代著名书法家欧阳询所书。

【简评】

《增广贤文》有许多关于人命运的格言，本则就是其中之一。本则所说的是两个典故。前一句说的是，唐代王勃在去南昌时，得到了风神相助，路途虽远，但一夜之间就到了南昌，从而在滕王阁的聚会上写下了千古名篇《滕王阁序》。后一句说的是，宋代饶州有一个穷苦潦倒的书生，当时饶州做官的范仲淹想帮助他，就让他去临摹“荐福碑”，荐福碑是唐代著名书法家欧阳询所书，摹本非常值钱。可是就在当天晚上，雷电击毁了“荐福碑”。元代马致远据此创作了杂剧《半夜雷轰荐福碑》。这两个故事，意在说明时运对一个人的巨大影响。今天我们应该正确认识这一点，一个人命运的好坏，主要还是取决于个人的努力，不要夸大运气的因素。

入门休问荣枯事，观看容颜便得知。官清书吏瘦[①]，神灵庙祝肥[②]。

【注释】

①书吏：各官署吏员的总称。古代官与吏是分开的，吏属于雇员，是衙门的具体办事人员，他们凭借着对公文、档案的垄断与控制，营私舞弊，成为一大弊政。

②庙祝：寺庙中负责香火的人。

【简评】

世事洞明皆学问，这几则都是在讲生活中如何观察他人。学会察言观色其实是一种人生智慧。当然，其中对书吏、庙祝的描述，也是对社会丑恶现象的批评。

息却雷霆之怒[①]，罢却虎狼之威[②]。饶人算人之本[③]，输人算人之机[④]。好言难得，恶语易施。一言既出，驷马难追[⑤]。

【注释】

①息却：平息除去。雷霆：震怒的状态。

②罢却：停止，收起。

③饶人：宽恕别人。算：算是，算作。人之本：做人的根本。

④输人：输给别人，不争强好胜的意思。机：关键。

⑤驷马：同驾一车的四匹马。

【简评】

本段告诫我们在生活中该如何对待他人，怎样与他人相处。首先不要暴怒，不要盛气凌人，这样会拉远你和他人的距离。其次，要懂得宽恕他人，不争强好胜。第三，要做到言语谨慎，不要说他人的坏话，更不要恶语伤人，因为这种伤害往往是无法挽回的，一言既出，驷马难追，说出去的话是收不回来的。有一点要注意，“驷马难追”在这里指的是一个人要言语谨慎，这与我们平常的意思是不同的，今天我们通常指一个人要说话算话，所谓“君子一言，驷马难追”。

道吾好者是吾贼，道吾恶者是吾师。路逢侠客须呈剑，不是才人莫献诗。三人同行，必有我师焉，择其善者而从之，其不善者而改之[①]。

【注释】

①三人同行，必有我师焉，择其善者而从之，其不善者而改之：出自《论语·述而》，意思是，三个人同行，其中必定有我的老师，选择好的方面去学习，不好的方面，反观自己，加以改正。

【简评】

本段几则都是在告诫人们要善于向别人学习。生活中，所有人都有可能成为自己的老师，他们身上总会有值得我们学习的地方。要善于学习别人，就必须做到能够倾听别人对自己的批评，忠言逆耳，指出我缺点的人才是良师。“三人同行，必有我师焉”，这是孔子对我们的教导，已成为妇孺皆知的常识。但要做到却并不容易，因为人很容易犯自以为是的毛病，很难做到反省自己。

少壮不努力，老大徒悲伤[①]。

【注释】

①少壮不努力，老大徒悲伤：出自汉乐府诗《长歌行》，意思是，年轻力壮的时候不奋发努力，到了年老时只能白白地悲伤。

【简评】

本则劝诫人们要珍惜年少时光，勤奋好学。

人有善愿，天必佑之。

【简评】

本则意在说明，天佑善人，每个人都要努力做一个心地善良的人。

莫饮卯时酒[①]，昏昏醉到酉[②]。莫骂酉时妻，一夜受孤凄。

【注释】

①卯：早上5点到7点。

②酉：下午5点到7点。

【简评】

这是关于日常生活的两则告诫：一是不要一大早就喝酒，这样会导致一天都做不了事情；二是不要在黄昏时候和妻子冲突，这样会导致一夜都孤独寂寞。这两则语言通俗，但却很有道理。

种麻得麻，种豆得豆。天网恢恢[1]，疏而不漏。见官莫向前，做客莫在后。宁添一斗，莫添一口。螳螂捕蝉，岂知黄雀在后。不求金玉重重贵，但愿儿孙个个贤。

【注释】

①恢恢：宽阔广大的样子。

【简评】

本段是一些耳熟能详的民谚和格言，富于生活气息，但又道理深刻。

一日夫妻，百世姻缘[1]。百世修来同船渡[2]，千世修来共枕眠。

【注释】

①百世：指很长的时间。按照古人说法，一世等于三十年，这里的“百世”和下文的“千世”，并不是实指。

②修来：有幸得到。

【简评】

夫妻是最基本的人伦关系，也是家庭存在的基础，因此，夫妻关系是非常重要的社会关系。在古人看来，人世是轮回的，成为夫妻是百世修来的缘分，有什么理由不加以珍惜呢？人世轮回，前世姻缘，这些观念显然是迷信，在今天已经不合时宜了，但是，它们所传递的对夫妻关系与情感的珍重，却仍然有积极的意义。

杀人一万，自损三千。伤人一语，利如刀割。

【简评】

本段的主题是告诫人们要与人为善，不要去伤害他人。伤害他人，就像与敌人作战，虽然杀死一万个敌人，看样子取得了胜利，但是自己一方也要付出代价。伤害不仅是指肉体或外在的物质上的损失，言语也是锋利的凶器，也足以杀伤他人，这就是所谓的“利如刀割”。

枯木逢春犹再发①，人无两度再少年。未晚先投宿，鸡鸣早看天。

【注释】

①犹：还能。

【简评】

本段两则从不同方面强调要珍惜时光，早作打算，做到未雨绸缪。

将相胸前堪走马①，公侯肚里好撑船。

【注释】

①堪：能够。

【简评】

这也是大家非常熟悉的谚语。它通过胸前走马、肚里撑船，形象地说明身居高位的王侯将相必须要有宽阔的胸怀，没有雅量，也就不配身居高位。类似的民谚还有“宰相肚里能撑船”，说的是同样的意思。

富人思来年，穷人思眼前。世上若要人情好，赊去物件莫取钱。死生有命，富贵在天①。

【注释】

①死生有命，富贵在天：出自《论语·颜渊》。意思是，人的生死都是命中注定，能不能富贵全在于上天。

【简评】

富人之所以可以想得远，是因为他们不必为眼前的生计发愁。而穷困潦倒的人，因为生计根本无暇想得太远。做人很难，做一个被所有人称赞的人更难，这里以“赊去物件莫取钱”说明做一个好人的艰难。

击石原有火[①]，不击乃无烟。为学始知道[②]，不学亦徒然。莫笑他人老，终须还到老。但能依本分，终须无烦恼。

【注释】

①石：燧石，俗称“火石”，中国古代常用一小块燧石和一把金属的“火镰”击打取火。

②道：道理

【简评】

本段意在说明为学的重要性。火石可以点火，但仍需外力的撞击。和火石点火的道理一样，人也具有明理的潜能，然而如果不学习，同样也是枉然。

君子爱财，取之有道[①]。贞妇爱色[②]，纳之以礼。

【注释】

①道：道义。

②贞妇：贞洁的女性。色：美貌。

【简评】

钱财与美貌，是世上许多人面临的诱惑。君子与贞妇，并非不食人间烟火，同样面对这些诱惑。然而，他们坚守了原则：那就是“取之有道”与“纳之以礼”。也就是说，君子所获取的钱财，必须符合道义；贞女装扮的美貌，必须符合礼仪。

善有善报，恶有恶报。不是不报，日子未到。

【简评】

中国古代很早就产生了报应观念，并用它来劝人向善，阻止恶行。比如在《周易》中就有“积善之家，必有余庆；积不善之家，必有余殃”。报应观念，在今天看来是荒诞不经的。但是，它在历史上曾经起到了非常大的“劝善止恶”的作用，这一点也是不容否认的。

人而无信，不知其可也[1]。

【注释】

①人而无信，不知其可也：语出《论语·为政》，意思是一个人不讲信用，真不知道该怎么办。

【简评】

本则意在说明守信的重要。守信是人的基本道德要求，信任是相互的，只有人人守信，才能建立起人与人之间的互信，社会生活才能正常地运行、发展。正因为如此，孔子还说过“民无信不立”，也是强调“信”的重要性。

一人道好[1]，千人传实。

【注释】

①一人道好：有版本作“一人道虚”。

【简评】

本则准确地描绘了人们的从众心理，人们在传言面前往往选择轻信，有些事一传十，十传百，假的也就成了真的。

凡事要好，须问三老[1]。

【注释】

①三老：古代掌管地方教化的乡官，多由地方有声誉、能服众的年

长者担任。

【简评】

这一则是要求人们善于倾听有经验人的意见，遇事多向德高望重的老人请教，不仅是对老人的尊重，更是做好事情的重要前提。

若争小可[①]，便失大道。

【注释】

①小可：寻常，一般，这里指小是小非。

【简评】

本则告诫我们不要斤斤计较一些枝叶问题，不要纠缠于小是小非，否则就会有违我们的初衷，违背事物的规律。

年年防饥，夜夜防盗。

【简评】

本则是让我们时刻警惕，做到未雨绸缪，从而避免或减少各种损害。

学者如禾如稻，不学者如蒿如草[①]。

【注释】

①蒿：一种草本植物。

【简评】

本段用禾苗稻谷与青蒿野草作对比，以强调学习的重要性，鼓励人们热爱学习，努力学习。

遇饮酒时须饮酒，得高歌处且高歌。

【简评】

本则宣扬了及时行乐、得过且过的消极人生观，我们在阅读时要注意这一点。人无远虑，必有近忧，还是应该做一个时刻保持清醒的人，不能做一个只顾眼前的近视者。

因风吹火[①]，用力不多。不因渔父引[②]，怎得见波涛。

【注释】

①因：凭借。

②渔父：一版本作“渔夫”，这里指有经验的打鱼者。

【简评】

本段意在说明，凭借外力的重要性。借助有利的条件，人们常常会事半功倍，火借风势就是这个道理。当然，善于利用外力，并不是放弃自我的努力，毕竟所有的外力都不能取代自身的努力。

无求到处人情好，不饮从他酒价高[①]。知事少时烦恼少，识人多处是非多。入山不怕伤人虎，只怕人情两面刀。强中更有强中手，恶人须用恶人磨。会使不在家豪富[②]，风流不用着衣多。

【注释】

①从他：任他，随便他。

②会使：善于用钱，懂得如何用钱。

【简评】

本段内容上并不连贯，但都是教导我们如何与人相处及知人论世的箴言。世道艰难，人情冷暖，是《增广贤文》中反复感慨的主题。这里“无求到处人情好”、“识人多处是非多”、“只怕人情两面刀”都是在感慨人情的虚伪，做人的艰难。当然，时代不同了，作者对世态人情的一些感慨，在今天需要正确看待。应该相信世界是美好的，人们是善良的，只要真诚相待就可以不必为人情世故而担心害怕。

光阴似箭，日月如梭[①]。

【注释】

①梭：织布时往返牵引纬线的工具，两头尖，中间粗，这里用来比喻时间的飞速流逝。

【简评】

射出后高速飞行的箭与织布时穿梭不停的梭子，是古人生活中最为直观的时间流逝的经验，因此，这里用它们来感慨时间飞逝，永不停息，提醒我们珍惜生命。

天时不如地利，地利不如人和[①]。

【注释】

①天时不如地利，地利不如人和：出自《孟子·公孙丑》，意思是有利的时机和气候不如有利的地势，有利的地势不如人的齐心协力。

【简评】

本则原意是告诉我们在战争胜利的诸多因素中，人和所起到的决定性作用。其实，不仅仅是战争，其他事物也是如此，人自身的因素远比外在的其他因素更加重要。

黄金未为贵，安乐值钱多。

【简评】

本则告诉我们，安乐的生活要比黄金更加值得珍惜。然而我们认为，人生不应当以安乐作为奋斗目标，应该赋予生命更加高远的理想和追求。

世上万般皆下品[①]，思量唯有读书高[②]。世间好语书说尽[③]，天下名山僧占多。

【注释】

①下品：魏晋时期用“九品中正”来选拔官员，将“下上、下中、下下”三个等级称为下品，后泛指事物的最低等级。

②思量：仔细想，考虑。

③好语：好话，指有道理的话。

【简评】

本段意在强调书籍的价值，强调读书的重要。书籍是记载人类知识的重要载体，这里用了非常通俗的语言来说明它的重要，生活中我们见到名山都被僧人道士用来修建庙宇道观，这就像有道理的话都在书中一样。书籍这么重要，那么读书自然就更加重要，与其他事情相比，读书是最为高贵的事业。在古代中国，读书与做官是相联系的，书读得好就可以做官，因此，这是一种官本位思想，是等级社会的产物。但是，不管如何，强调读书的重要，无疑应该是正确的。

为善最乐，为恶难逃。羊有跪乳之恩[①]，鸦有反哺之义[②]。

【注释】

①跪乳：跪着吃奶。

②反哺：指动物反过来赡养父母。

【简评】

人做善事是最快乐的。孝养父母就是一种善行，是一种美德。生活中，我们看到羊羔吃奶时，都是下跪的姿态，乌鸦据说会喂食自己的母亲。在古人看来，羊羔和乌鸦都知道感恩父母，何况人呢？以此来劝人向善，孝敬父母，直白而令人感动。

你急他未急，人闲心不闲。隐恶扬善，执其两端[①]。

【注释】

①隐恶扬善，执其两端：语出《中庸》：“子曰：“舜其大知也与，舜好问而好察迩言，隐恶而扬善。执其两端，用其中于民……” 意思是，隐藏别人的坏处，宣扬别人的好出，避免过与不及的状态，而采取中庸之道。

【简评】

中庸之道是儒家最为推崇的一种人生态度和智慧。其要义就在于要做到不偏不倚、无过无不及，是一种适中的状态。“隐恶扬善，执其两端”就是一种中庸的状态。据说古代的圣王大舜，在治理国家时，善于征求各种意见，考察各种行为，面对这些意见和行为，他做到了“隐恶扬善”，避免过与不及，而用“适中”来推行各种政策。治国如此，为人修身、做事都应该做到“中庸”。

妻贤夫祸少，子孝父心宽。

【简评】

妻子贤惠，子女孝顺，代表着家庭和睦。必须指出，本则所宣扬的妻贤子孝是古代父权社会的一种道德要求，将妻子子女置于家庭的从属地位，这无疑是不符合当下时代的，但是所倡导的夫妻和睦，子女孝顺，在今天仍有积极意义。

既坠釜甑[①]，反顾无益。翻覆之水，收之实难。

【注释】

①既坠釜甑：既，已经。坠，坠落。釜甑（zèng），古代用来做饭的炊具。意思是，釜甑已经掉地上（碎了），再看也于事无补。

【简评】

用打碎了的釜甑，泼洒出去的水，来劝诫人们对已经发生的事情，再后悔、再自责都没有用了。一方面我们要小心警惕，避免犯错误；另一方面，已经发生的错误，已经做过的事情，悔之无益，关键是要吸取教训，改正错误，这才是我们的正确态度。

人生知足何时足，人老偷闲且是闲。但有绿杨堪系马①，处处有路透长安②。

【注释】

①堪：能够。

②透长安：“透”应作“通”，意思是通往长安。

【简评】

本段意在告诫我们，为人要知足，处事要豁达。人的欲望是没有止境的，该知足就要知足，所以年老了要懂得放手，能偷闲就偷闲。天下处处道路都通往长安，骑马去长安，路上所需的不过是能够拴马的杨柳树而已，不需要那么多不必要的东西。

见者易①，学者难。莫将容易得，便作等闲看②。用心计较般般错③，退步思量事事难。

【注释】

①见：看上去。

②等闲：平常。

③般般：件件，每一件。

【简评】

“见者易，学者难”规劝我们不要眼高手低，有的事情，看上去很简单，一旦亲力亲为，就会发现学会它真的很难。“莫将容易得，便作等闲看”则是指出我们经常犯的一种错误，人们总是不珍惜已经得到或拥有的东西，总是看得非常容易，非常一般，视为等闲之物，然而在失去之后却会追悔莫及。

道路各别，养家一般[①]。从俭入奢易，从奢入俭难。

【注释】

①养家：持家的方法。

【简评】

本段意在说明俭朴持家的道理。虽然每个家庭具体情况各异，但持家基本原则是相同的，那就是俭朴。俭朴立家的，就要做到持之以恒。从俭朴到奢华是非常容易的，然而，一旦变得奢华了，再俭朴就会很难了。因此，必须坚持俭朴持家，反对奢华、反对铺张浪费。

知音说与知音听[①]，不是知音莫与弹。

【注释】

①知音：据《列子·汤问》记载，俞伯牙善弹琴，钟子期善听琴。伯牙弹到志在高山的曲调时，子期就说“峨峨兮若泰山”；弹到志在流水的曲调时，钟子期又说“洋洋兮若江河”。钟子期死后，伯牙不再弹琴，因为没有人能像钟子期那样懂得自己的琴声。于是，“知音”也就成为知己朋友的代称。

【简评】

本则来自俞伯牙与钟子期的故事，高山流水，已经成为千古绝唱。这里也以此感慨人生知己难求，知音难遇。

点石化为金[①]，人心犹未足。信了肚[②]，卖了屋。

【注释】

①点石：相传古代有用手指一点使石成金的一种法术。

②信了肚：听信、顺从饮食之欲。

【简评】

点石成金，尚且不能满足人的贪欲，可见人的贪欲多么顽固！生活之中，即使是饮食的欲望，也足以导致人们卖掉居住的房子。点石成金，信肚卖屋，表达了节制欲望，制止贪欲的鲜明立场。

他人观花，不涉你目[①]。他人碌碌[②]，不涉你足。

【注释】

①涉：关涉。

②碌碌：奔波而平庸的样子。

【简评】

生活中，我们常常受到他人的影响，迷失了自己。作者告诉我们，其实不管他人做什么，与你都没有多大关系，一个人应当做到心无旁骛，专心致志，坚守自己的理想不动摇，不要轻易被他人影响。

谁人不爱子孙贤，谁人不爱千钟粟[①]。莫把真心空计较，五行不是这题目[②]。

【注释】

①千钟粟：钟，中国古代计量单位。粟，俗称谷子。这里用来代指高官厚禄。

②五行不是这题目：意思是你的五行里没有这样的运气。古代中国的命运理论认为，人的命运是由“金、木、水、火、土”五种元素的互生、互克关系决定的，比如金可以克木，木可以克土，土可以克水，水又可以克火，火可以克金。这样就可以根据一个人的五行属性，判断他命运的好与坏。

【简评】

《增广贤文》有许多条都是宣扬命运论的，这说明古代中国，人们对命运的高度关注。命运理论，将人的命运归结为先天注定，归结为五行之气的相生相克，这样使得它拥有了一个精巧的技术体系。但不管如何精巧，都难以掩盖它宿命论的本质。我们今天阅读这些，不要受其蛊惑，更不可相信这些宿命的说法。

与人不和，劝人养鹅[①]。与人不睦，劝人架屋[②]。但行好事，莫问前程。

【注释】

①养鹅：鹅在古代被认为是一种吉祥的家禽，养鹅可以辟邪，因此，劝人养鹅是一种善意的举动。

②架屋：架屋是中国古代非常重要的建筑活动，会有许多吉祥的祈祷仪式，这里也被视为善意的行为。

【简评】

本段意在强调人们之间应该和睦相处。人与人之间，难免会有矛盾，有了矛盾不是记住仇恨，而是要去积极化解，用善意的举动来解决矛盾。养鹅架屋，是古代人们认为非常吉利的好事。与人不和睦了，还去劝说、帮助别人养鹅盖房子，这是一种美好的善行。做这种善行，不要问回报，只管做就可以了，相信善意终将会化解所有的矛盾。

河狭水急，人急计生。明知山有虎，莫向虎山行。路不行不到，事不为不成。人不劝不善，钟不打不鸣。

【简评】

本段都是通过生活中的例子或自然界的现象，来阐明一些道理。河流狭窄了，水流就会湍急，同样，人也会急中生智。在明知山上有虎的情况下，就不要再上山了，这不是胆怯，而是不要涉险。当然有时也会有人要“偏向虎山行”，因为事在人为，“事不为不成”，“人不劝不善”，这些认知非常富于哲理，又直白易懂。

无钱方断酒，临老始看经[1]。点塔七层[2]，不如暗处一灯。

【注释】

①经：佛经，意思是到了老年才开始读诵佛经。

②点塔：佛教徒为了表示虔诚，在佛塔上点灯供奉。

【简评】

本段主要讲人要及早明理改错，不然会悔之晚矣。生活中有许多不好的习惯，有许多错误，我们必须提早加以纠正，不要等到最后时刻，临时拜佛是没有用的。因此，在佛塔上点再多的灯，也没有什么意义，不如在黑暗处点燃一盏灯为别人照亮。

万事劝人休瞒昧，举头三尺有神明。但存方寸土，留与子孙耕[1]。灭却心头火，剔起佛前灯[2]。

【注释】

①但存方寸土，留与子孙耕：表面意思是留点方寸大的土地，让子孙耕种。实际意思是，要积德行善，为子孙后代留下一片善心。

②剔起佛前灯：将佛前的灯盏剔亮，这里的意思是信奉佛教。古代的灯多是燃油的，灯绳会出现灰节，需要经常剔除。

【简评】

本段是用佛教来劝人向善。宣称神灵无处不在，做任何事情都不可欺瞒。又要求人不仅为自己，也要为子孙后代留下一片善良的心。应该说，宗教在劝善方面具有不可替代的重要作用，对于民众的影响也很大，这无疑是应该肯定的。当然，也要看到，劝善不是万能的，有时会导向一种纯粹的宗教行为，它让人们抛弃一切欲望，做一个“剔起佛前灯”的虔诚信徒，这就超过了劝人向善的要求，而变成一种宗教宣传。

惺惺常不足[①]，懵懵作公卿[②]。众星朗朗，不如孤月独明。

【注释】

①惺惺：聪明机灵的意思。

②懵（měng）懵：糊里糊涂。

【简评】

人要正视自己，也要会正视他人。不可自视太高，自视太高常常是对自己的无知，对他人的无知，以为自己有公卿之才。“众星朗朗，不如孤月独明”则是告诉我们优秀人才的重要，满天星斗，群星闪烁，看上去却不如一轮月色那么明亮。

兄弟相害，不如自生。合理可作，小利莫争。

【简评】

兄弟是基于血缘的一种人伦关系，本来应该互帮互助。但是在利益面前，有时兄弟之情荡然无存，像这样的兄弟还不如没有。因此，我们每个人做事，都要把握一个原则，那就是是否符合情理，千万不要为了蝇头小利而争个不休。

牡丹花好空入目，枣花虽小结实成。

【简评】

本则用牡丹和枣花作对比，说明生活中有时候非常美丽的东西，常常徒有其表，百无一用，华而不实。而不起眼的东西却往往实用，能够给人带来好处。

欺老莫欺小，欺人心不明[①]。

【注释】

①不明：不明事理的人。一版本作“欺小心不明”。

【简评】

本则宣扬一种错误的“人生智慧”。它的逻辑是，要欺负人就欺负老年人，而不要欺负少年人，老年人已经基本定型，而少年则前途无量，万万不可得罪。这是一种庸俗的人生智慧，必须予以批评。

随分耕锄收地利[1]，他时饱满谢苍天。

【注释】

①随分：分，本分，意思是做自己该做的，尽力去做。地利：指收成。

【简评】

古代的农业，靠天吃饭，丰收与否要看气候如何，干旱、洪涝、冰雪等各种自然现象都会影响收成。因此，人要尽力耕作，这是尽人事。然而，收成好了，不要忘记老天的功劳，风调雨顺也是丰收的重要原因。推而广之，所有的成功，并不仅仅是自己奋斗的结果，还有许多方方面面的帮助，因此，我们要以感恩之心看待自己的成功。

得忍且忍，得耐且耐。不忍不耐，小事成大。

【简评】

本段意在告诉我们，忍耐是非常重要的一种品格。不能忍耐，小事情也会演变为大问题。学会忍耐是人生的一种必要技能。

相论逞英雄[1]，家计渐渐退。贤妇令夫贵，恶妇令夫败。一人有庆，兆民咸赖[2]。

【注释】

①相论：相互攀比，争斗。

②一人有庆，兆民咸赖：语出《孝经》，原作“一人有庆，兆民赖之”，意思是，天子善良优秀，民众就可以获得长久的安宁。兆民：指广大民众。

【简评】

本段前两则都是关于家庭的。相互之间盲目攀比，争强好胜，往往会导致生计艰难，家庭衰败。而主妇是一个家庭兴衰的重要原因。这两点都是非常有道理的。家庭如此，国家也如此。对于国家而言，国君优秀且善良，那么老百姓就有了依靠，就可以过上好日子。在专制古代社会，君主有时确实起到了决定性作用。

人老心未老，人穷志莫穷。人无千日好，花无百日红。

【简评】

人可以从年龄上老去，但是应该时刻保持一颗年轻的心，不能让自己的内心也随着生命的流逝而慢慢变老。同样，人可以穷困，但是不可没有志气。要知道，人不可能一帆风顺，就像花朵一样不可能长期盛开，永不衰败。

杀人可恕，情理难容。

【简评】

人所犯的罪恶，莫大于残害生命。本则所说的“杀人可恕”，并不是真的原谅宽恕杀人的恶行，而是以退为进，意思是不管你有多少借口和理由，杀人这件事在情理上都令人难以容忍。

乍富不知新受用[①]，乍贫难改旧家风。座上客常满，樽中酒

不空[2]。屋漏更遭连年雨[3]，行船又遇打头风。笋因落箨方成竹[4]，鱼为奔波始化龙。

【注释】

①乍：刚刚。受用：享受。

②座上客常满，樽中酒不空：语出《后汉书·孔融传》，孔融任太中大夫，“宾客日盈其门，常叹曰：‘座上客恒满，樽中酒不空，吾无忧矣。’”是孔融在升官后，对宾客盈门的一种感慨。

③连年雨：一作“连夜雨”，形容阴雨连绵。

④箨（tuò）：笋壳。

【简评】

《增广贤文》的内容非常丰富，涵盖生活许多方面，有的是对世道人情的描述，有的是对自然知识的总结，但归根结底都是围绕着知人论世展开的。这几则也是如此，有描述穷富生活方式的适应过程，有描述“客常满，酒不空”的人生得意的状况，也有描述人生际遇的造化弄人，“屋漏更遭连年雨”，还有描述笋壳剥落而成竹的自然现象，但竹笋剥落已被赋予了特殊含义，那就是艰难困苦，玉汝于成。这些无不令人深思。

记得少年骑竹马[1]，看看又是白头翁。

【注释】

①竹马：儿童游戏时当马骑的竹竿，常用来回忆童年的美好生活。

【简评】

本则表述的是对人生易老的感慨。选取了两个鲜明的形象作对比，儿时的竹马，老年的白发，能呈现在同一场景之中，人生蹉跎，不言而喻。

礼义生于富足，盗贼出于贫穷。

【简评】

本则探讨了礼义和盗贼产生的社会原因，有一定的道理。当然这是一个复杂的现象，贫穷富有可能是其中的重要因素，但并不一定必然如此。

天上众星皆拱北[①]，世间无水不朝东。

【注释】

①拱北：古人认为，天上的星星都是围绕着北极星旋转，像是在拱卫北极星，故称拱北。

【简评】

古人认为天上星星有一个中心，那就是北极，而中国大陆主要地貌是西高东低，所以似乎所有的水都向东流。古人认知的能力有限，应该说这两个观点都是不正确的，但他们却以之来阐释某种人间秩序的合理性，特别是论述统治者的唯一性和合法性，这是今天我们阅读时必须正确看待的。

君子安平，达人知命。

【简评】

本则是对君子、达人人生境界的一种描述，不论是安于平淡的生活还是知道命运的局限，背后的实质都是对命运的认同和屈服，这反映了古代人们对命运的认知态度。

忠言逆耳利于行，良药苦口利于病。顺天者存，逆天者亡。人为财死，鸟为食亡。

【简评】

本段几则都是生活中耳熟能详的格言，非常有道理，经得起时间的检验，即使到了今天仍然具有意义。

夫妻相合好，琴瑟与笙簧[1]。有儿贫不久，无子富不长。

【注释】

①琴瑟、笙簧：都是乐器，这里用来形容夫妻情感的和谐。

【简评】

本段强调的是夫妻和睦的重要性。夫妻和谐固然重要，但是古人认为有儿子同样重要，没有儿子就没有继承，没有新的劳动力，家庭就会逐渐贫穷，这在农业时代是非常重要的。作者流露出了强烈的重男轻女思想，是需要加以批判的。

善必寿老[1]，恶必早亡。

【注释】

①老：有的版本作“考”，意思相同，

【简评】

本则是劝人向善的，孔子也说过“仁者寿”，大概也是同样的意思。

爽口食多偏作病，快心事过恐生殃。

【简评】

本则告诫我们要懂得节制，不论是美食还是快乐高兴的情绪，过了头就会走向反面，饱含哲理，发人深思。

富贵定要安本分，贫穷不必枉思量。画水无风空作浪，绣花虽好不闻香。贪他一斗米，失却半年粮。争他一脚豚[1]，反失一肘羊[2]。

【注释】

①一脚豚：豚的一脚。豚，小猪。

②一肘羊：羊的一个肘子。

【简评】

本段意在强调人要安守本分，与世无争。在作者看来，不论是富贵的人，还是贫穷的人都要安守本分。安守本分，就是要做到不要胡思乱想，异想天开，图画中的波浪，绣出的鲜花，都不是真实的，不可当真。安守本分，还要做到不与人争，不要贪图一时之利，这样会得不偿失。

龙归晚洞云犹湿，麝过春山草木香[①]。

【注释】

①麝：麝獐，俗称香獐，雄性麝獐能分泌麝香。

【简评】

龙是中国古人想象中的一种神异动物，它乘风云而行，潜于深渊之中。因此，它所乘的云会沾上水汽，是湿的。雄性麝獐可以分泌香味，会让它所经过的草木都沾染上。作者用龙和麝獐来说明一个道理，那就是事物只要发生就会留下踪迹和影响。

平生只会量人短，何不回头把自量。见善如不及，见恶如探汤[①]。

【注释】

①见善如不及，见恶如探汤：语出《论语·季氏》，意思是看见善的，怕自己赶不上；看见邪恶，如同把手伸进开水中。

【简评】

本段主要讲人要懂得严以律己，明辨善恶。生活中，许多人常常说起别人的缺点时，唯恐不尽，而对自己的缺点却视而不见。这在作者看来是不对的，一个人应该时刻反思自己，见到好的就要努力去追求，见到恶的，就要尽量避免。

人贫志短，马瘦毛长。自家心里急，他人未知忙。贫无达士将金赠，病有高人说药方。

【简评】

生活中，有时候物质财富的匮乏，的确会让人感到英雄气短。然而，这种联系并不是必然的，真正志存高远的人是不会介意这些的。我们每个人可能都需要他人的帮助，但也必须明白一点，帮助是有条件的，比如贫穷时不要指望有人会送上钱财，这并不代表人情冷漠，而是你的预期超出了人之常情。反过来，生病时，会有人告诉你治病的药方，给你提供帮助。这就是生活中我们常说的“救急不救贫”的道理。

触来莫与说[①]，事过心清凉。秋至满山多秀色，春来无处不花香。

【注释】

①触：抵触，触犯。

【简评】

本段意在告诫我们，遇到不平时，要保持冷静，不要在气头上争辩。其实很多时候，事情过去了，心情自然就清凉了，怒火自然就会熄灭。怎样做到这一点呢？不妨看看美丽的自然景色，还有什么郁闷与怒火不能排遣呢？

凡人不可貌相，海水不可斗量。清清之水，为土所防。济济之士[①]，为酒所伤。蒿草之下，或有兰香。茅茨之屋[②]，或有侯王。无限朱门生饿殍[③]，几多白屋出公卿。

【注释】

①济济之士：很多有才能的人。

②茅茨（cí）：指茅草盖的房屋。

③朱门：红色的大门，古代王公贵族的住宅大门往往漆成红色，朱门用来指豪富之家。饿殍（piǎo）：饿死的人。

【简评】

本段内容告诉我们，凡事不可从表面看问题，要看到事物的发展变化。不能凭借外貌判断一个人的好坏，清清的水，为泥土所阻挡，就会变得浑浊；蒿草中也会盛开兰花；富豪之家也会有人饿死；平头百姓之家也会走出公卿。凡此种种，都充分说明了不要被表面现象所迷惑，要用发展的眼光看问题。这同时也是一种激励，处于困境要看到希望。

醉后乾坤大[①]，壶中日月长[②]。万事皆已定，浮生空白忙。

【注释】

①乾坤：天地。

②壶中日月：典故出自《云笈七签》，说有一位学道之人张申，他随身带着一个壶，壶中能够变化出天地日月，就像人世间一样。因此，人们称张申为“壶公”。后来就用“壶中日月”形容道家悠闲清静的无为生活。

【简评】

本段表达了万事注定，及时行乐的思想。这是一种不正确的生活态度，人生固然会有许多不如人意之处，但不可因此消极，更不可认为一切早已注定。靠喝醉酒，麻木自己，是无助于改变人生的不良状态的，人还是应该相信自己可以掌握自己的命运。

千里送毫毛[①]，礼轻仁义重。

【注释】

①毫毛：有版本作鹅毛，指极其轻微的礼物。

【简评】

这是大家生活中经常说的一句俗语，告诉我们与人相处之时，不应该介意礼物的轻重，而要注重那份宝贵的情谊。

世事明如镜，前程暗似漆。光阴黄金难买，一世如驹过隙[①]。

【注释】

①驹：少壮的马。

【简评】

本段是对人生短暂、时光难再及命运无常的感慨。人的一生如此短暂，光阴流逝，难以追回，而人生的未来又黑暗不清，这些足以让人感慨人生的无常。但是，这也可以让我们充分认识到生命短暂，时间宝贵，进而珍惜人生，多做有益的事。

良田万顷，日食一升。大厦千间，夜眠八尺。千经万典，孝义为先。

【简评】

本段以通俗形象的语言，告诉人们，人的需求是有限的，人所能享受的只是很少一部分，过多的拥有并不是幸福。同样，有那么多的书籍，我们也要掌握要义，最为重要的就是懂得孝义之道。孝义，是古代社会最为重视的道德品质，时代变化了，孝义的内涵已经不同了。但是，明理，提升个人的道德修养，仍然是我们读书的第一要务。

一字入公门[①]，九牛拖不出。衙门八字开[②]，有理无钱莫进来。

【注释】

①一字：只有一个字的状纸。公门：衙门，官吏的办公场所，古代各级官员也负责诉讼案件的审理，因此，入公门或衙门也可指打官司。

②八字开：古代衙门的大门形状像“八字”一样。

【简评】

在古代社会，司法黑暗，这段话形象地反映出老百姓对打官司的恐惧，及对司法黑暗、腐败的严重不满。

富从升合起，贫因不算来。家中无才子，官从何处来。

【简评】

本段讲的是居家生计的道理，强调节俭、积累的重要。财富是需要积累的，这种积累既需要增加收入，也需要节俭持家，善于算计。同样，要想让家中有做官的人，就必须培养人才，家中没有人才，就不要指望会有做官的人。

万事不由人计较，一生都是命安排。急行慢行，前程只有多少路。

【简评】

本段宣扬的仍是一种宿命论，还是在强调万事都已命中注定。个人不管是急行，还是慢行，前程的路都是固定的，无法改变。这种强烈的宿命思想，多次出现在《增广贤文》中，我们在阅读时一定要注意。

人间私语，天闻若雷。暗室亏心，神目如电。一毫之恶，劝人莫作。一毫之善，与人方便。欺人是祸，饶人是福。天网恢恢，报应甚速。圣贤言语，神钦鬼伏。

【简评】

本段是以报应的观念来劝诫人们做好事。报应的思想观念，今天看来是一种迷信，但是也不可否认它在劝人向善方面的积极作用。当然，善在本质上是一种道德自律，依靠外力，终究是靠不住的。

人各有心，心各有见。口说不如身逢，耳闻不如目见。

【简评】

在这个世界，有许多不同的意见和见解，这是正常的，因为每个人都有自己的内心世界，也都有自己的看法。许多事情，嘴上说说，不如自己亲自去做一次，我们经常说实践出真知，就是这个意思。

养军千日，用在一朝。国清才子贵，家富小儿骄。

【简评】

对于国家来说，军事和人才都是非常重要的。要保持军力强盛，就要懂得练兵在平时，养兵千日，用在一时。而要不拘一格培养、发现和使用人才，就必须使得政治清明。对于一个家庭而言，过于富有，孩子就会娇生惯养，也就谈不上人才的培养。

利刀割体痕易合，恶语伤人恨不消。公道世间唯白发，贵人头上不曾饶。

【简评】

生活中要慎言，千万不可恶语伤人。恶语伤人导致的仇恨和伤痛，远远超过刀剑造成的伤害。很多人会抱怨人世间不公道，但是人们在岁月流逝的面前是公平的，谁也不能逃脱岁月的流逝。应该说这些人生的体悟，是非常有道理的。

有钱堪出众，无衣懒出门。为官须作相，及第必争先[1]。

【注释】

①及第：科举考试考中。

【简评】

物质有时让人自信。这也是为什么很多有钱人会自我认为比较出众，而没钱的人，常常因为缺乏自信而不敢出现在大庭广众之中，其实，外在的物质并不是原因，关键在于能否拥有一颗自信的心。为官及及第要力争上游，固然是功利主义的观念，但却可以鼓励人奋勇前进，我们要看到它积极的一面。

闲时不烧香，急时抱佛脚。幸生太平无事日，恐逢年老不多时。国乱思良将，家贫思贤妻。池塘积水须防旱，田地勤耕足养家。根深不怕风摇动，树正无愁月影斜。

【简评】

本段所选的都是些生活中的谚语，广为流传，影响深远。如强调做事要早作打算，不要临时才去努力，用“急时抱佛脚”来形容，就非常生动、通俗而又贴切。其他各条也都是如此，这充分显示了《增广贤文》的通俗性、普及性。

奉劝君子，各宜守己。只此程式[1]，万无一失。

【注释】

①程式：指《增广贤文》提出的各种准则。

【简评】

本段为结语，对读者提出了美好的希望。《增广贤文》从内容上看，像一位长者，一位智者，娓娓而谈，用通俗、活泼、易懂的语言，向我们传递人生的智慧，有许多处世的箴言，令我们受益匪浅。因此，作者在最后，希望我们每一位读者都能按此程式行事，那样我们的人生就会因此而充实，因此而减少许多失误。

格言联璧

[清]金缨 编撰

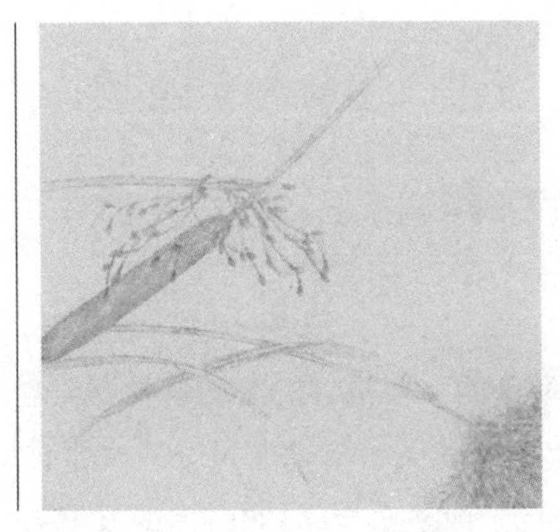

导 言

《格言联璧》是清人金缨编著的一本格言汇编。金缨，又名金兰生，浙江山阴人，生卒年不详，大约活动于道光、咸丰年间。《格言联璧》一书首次刊行于咸丰元年（1851），据该书自序，他遍览群书，凡遇“警世名言，辄手录之。积久成帙，编为十类，题曰《觉觉录》。”但《觉觉录》卷帙繁多，无资金刊刻，于是将其中的名言警句选编成书，名以《格言联璧》，于咸丰元年刊行。该书刊刻后，广为传播，风靡大江南北，甚至远布朝鲜、日本。同治十一年（1872），周学熙将之编入《古训萃编》再次刊行，20世纪三十年代，近代著名出版家潮阳郭辅庭先生重新整理出版，著名学者孟森为之作序。郭氏刊行的《格言联璧》，版本较为精当，流传较广，我们这个评注本就是以此本为依据整理注释的。

《格言联璧》一书亦作《觉觉录》，更准确地说《格言联璧》是《觉觉录》的缩编本。不论是名“觉觉”，还是称“格言”，都准确地传递出了编者的意图：那就是希望它能“自觉”、“觉人”，以箴言警句警醒众生，以圣贤智慧济世利人。所谓“格言”，是指那些可以作为人们行为规范的言简意赅的名言隽语，常常是一定时代社会核心价值观或者社会主流思想观念的集中体现，无疑具有鲜明的时代特征。然而，人类社会的基本核心价值又具有延续性、一贯性，作为人类智慧的结晶，许多格言往往历久而弥新，经得起时代的考验。因此，《格言联璧》虽然刊行于19世纪，但是其中的大部分观念仍然值得我们加以吸收和借鉴，这也是今天整理出版该书的重要原因。

《格言联璧》一书自刊行之后，广为流布，在社会上产生了极大影响，“几乎家置一编，人人诵习”。之所以如此，一个重要的原因就是该书在语言形式上做到了简练、通俗，将谆谆教诲、世道人情、修身箴言，以雅俗共赏、简练精当的文字表述出来，可谓字字珠玑，句句中肯，发人深省。近代著名佛学家弘一大师（李叔同）曾说：“余自儿时，即读此书，皈信佛法以后，亦常常翻阅，甚觉亲切而有味。”著名学者孟森亦褒其“有功于世道人心者甚大”。凡此种种，足以说明《格言联璧》一书具有重要的社会价值。考察人类社会的历史，不难发现，社会核心价值观的养成往往并不是建立在严密的理论论证上，也不是精英思想家登高振臂一呼而应者云集，而常常是通过雅俗共享的方式逐渐渗透到社会各个阶层的。《格言联璧》也许在思想体系上略显驳杂，内容上多有重复，但就其对于社会的影响而言，则可能远远超过许多典籍。孟森先生在《格言联璧》序中，即说："六经、四子，即圣人述作之格言。后世非专门学子，未能专意治经，则有赖历代先哲较为浅近之格言，足以随事醒世。"这一点，对于今天我们推广核心价值观，也不无启发。

《格言联璧》共分为十类，分别是学问、存养、持躬、敦品、处事、接物、齐家、从政、惠吉、悖凶。社会上通行本多作十一类，是将"持躬类"所附的"摄生类"单独列出成编，也有将"摄生"改为"养生"，其意一也。从《格言联璧》的条目分类，可以看出作者总体上是依据中国古代儒家"修齐治平"的思想脉络来组织内容的。该书的思想主体是儒家思想特别是宋明理学，当无疑问。但其中也杂有道、佛教等思想，这正是中国传统思想儒释道合流的一种体现。身处今天，我们无需也不可能完全接受书中的所有思想观念，特别是有违于我们时代的一些道德伦理观念，需要我们加以辨析扬弃，这也是我们对待传统文化的应有立场。

本书最主要的目的是引导、帮助读者阅读、理解文本。为了达到这一目的，本书主要包括三个方面的内容：原文、基本注释、类目简评。为了阅读方便，我们将《格言联璧》尽可能按照原书的内容结构划分段落，在需要出注的内容下给出简明扼要的注释。简评则主要围绕着类目内容，或交代其基本内涵，或指出其思想价值，或分析其思想局限。

本书在校点、注释中，借鉴和吸收了前贤今彦的成果，鉴于本书的体例，无法一一注明，特此致歉。由于水平有限，错误之处难免，不当之处，尚祈读者指正。

学问类

古今来许多世家[①]，无非积德；天地间第一人品[②]，还是读书。

【注释】

①世家：语出《孟子·滕文公下》："仲子，齐之世家也。"指王侯分封建国，子孙世代承袭，后泛指世代贵显或以某种职业世代相承的家族。

②品：这里是等级、品级的意思，并非指人的品格。此句即所谓"万般皆下品，惟有读书高"之意。

读书即未成名，究竟人高品雅[①]；修德不期获报，自然梦稳心安。[②]

【注释】

①究竟：毕竟，终究。

②不期：不期望，不期待。报：回报。

为善最乐，读书更佳。

诸君到此何为？岂徒学问文章，擅一艺微长，便算读书种子？[1]

在我所求亦恕，不过子臣弟友，尽五伦本分，共成名教中人。[2]

【注释】

①擅：擅长。艺：古有六艺之说，一指礼、乐、射、御、书、数等六种基本技能；一指六经，即《易》《书》《诗》《礼》《乐》《春秋》。从上下文看，此"一艺"指六经一种。

②五伦：指君臣、父子、夫妇、兄弟、朋友五种伦理关系。名教：名即名分，教即教化，是指通过确定人的身份、人伦义务来教化天下，以维护伦理纲常、等级制度。

聪明用于正路，愈聪明愈好，而文学功名益成其美。[1]

聪明用于邪路，愈聪明愈谬，而文学功名适济其奸。[2]

【注释】

①文学：古代的文学既包括我们今天通常所说的文学，还包括学术思想，是学术与文学的总称。

②济：助长，成就。

战虽有阵，而勇为本；[1]丧虽有礼，而哀为本；士虽有学，而行为本。

【注释】

①阵：军阵，古代军队的战斗队形。

飘风[1]不可以调宫商[2]，巧妇不可以主中馈[3]，文章之士不可以治国家。

【注释】

①飘风：旋风，暴风。《诗·大雅·卷阿》："有卷者阿，飘风自南。"毛传："飘风，回风也。"

②宫商：本意指五音中的宫音或商音，古人以宫、商、角、徵、羽为五声或五音，这里泛指音律。古人"候气定律"，天地之气合以生风，风气正则音律定。飘风，回旋不定，所以不能定音律。

③中馈：语出《易·家人》："无攸遂，在中馈。"古代把女性在家庭中从事膳食洒扫之类的家务活动称为"主中馈"。

经济[1]出自学问，经济方有本源。

心性[2]见之事功，心性方为圆满。

【注释】

①经济：经国济世，指治国的才干。

②心性：中国古代思想的重要范畴。关于心性关系有许多不同的主张，如孟子的"尽心知性"，禅宗的"明心见性"。心性也是宋明理学的基本范畴，理学也称为"心性"之学。

舍事功更无学问，求性道不外文章。

何谓至行？曰庸行[①]。何谓大人[②]？曰小心。何以上达？曰下学[③]。何以远到？曰近思。

【注释】

①庸行：平常的、日常的行为。

②大人：指德行高尚、志趣高远的人。

③下学：指学习人情世故的基本道理。

竭忠尽孝，谓之人。治国经邦，谓之学。安危定变，谓之才。经天纬地，谓之文。霁月光风[①]，谓之度。万物一体，谓之仁。

【注释】

①霁：雨雪停止。指雨后明月清风，用来比喻人胸襟开阔，人品淡雅。语出黄庭坚《豫章集·濂溪诗序》："舂陵周茂叔，人品甚高，胸怀洒落，如光风霁月。"

以心术为本根，以伦理为桢干[①]，以学问为菑畲[②]，以文章为花萼[③]，以事业为结实，以书史为园林，以歌咏为鼓吹，以义理为膏粱[④]，以著述为文绣，以诵读为耕耘，以记问为居积[⑤]，以前言往行为师友，以忠信笃敬为修持[⑥]，以作善降祥为受用[⑦]，以乐天知命为依归。

【注释】

①桢干：古代筑墙时，以两板相夹，填土于其中，立在夹板两端的叫"桢"，立在夹板两边的叫"干"，常用来比喻起决定作用的事物。《汉书·匡衡传》："朝廷者，天下之桢干也。"

②菑畲（zī yú）：本意指田地。菑，新开垦的田地。畲，耕种满三年

以上的田地。田地为民生之本，菑畲常用来比喻事物的根本。韩愈《符读书城南》：“文章岂不贵，经训乃菑畲。”

③花萼：萼是花的重要组成部分，在花的最外层，包在花瓣外面，花开时托着花冠。

④膏粱：肥美的食物，这里用来说明讲求义理的重要。

⑤居积：囤积、聚积财物。王充《论衡·知实》：“子贡善居积，意贵贱之期，数得其时，故货殖多，富比陶朱。”

⑥修持：本佛教用语，指修行佛法、持守戒律。这里用来指修心养性，坚守儒家忠信笃敬之道。

⑦作善降祥：指人行善可以获得上天的各种福佑。语出《尚书·伊训》：“作善降之百祥。”

凛闲居以体独[①]，卜动念以知几[②]，谨威仪以定命，敦大伦以凝道[③]，备百行以考德，迁善改过以作圣。

【注释】

①凛：严肃，敬畏。闲居：安闲居家的时候。这句话就是儒家所强调的“慎独”思想，“慎独”要求人们在闲居的时候，也能自觉遵守伦理规范，不做任何有违儒家道德信念的事情。

②卜：预料。动念：心有所动的一时念头。几：事物的端倪。全句仍然是强调一个人应该时刻警惕，在心有所动时要坚守信念，预估一时的念头可能造成的后果，从而保持一分警醒。

③敦：躬行。大伦：儒家伦理道德的基本原则。凝：凝聚，养成。

收吾本心在腔子里[①]，是圣贤第一等学问；尽吾本分在素位中[②]，是圣贤第一等工夫。

【注释】

①腔子：胸腹，指人的躯体。

②素位：指一个人现在所处的地位。语出《礼记·中庸》："君子素其位而行，不愿乎其外。"

万理澄澈，则一心愈精而愈谨；一心凝聚，则万理愈通而愈流。

宇宙内事[1]，乃己分内事；己分内事，乃宇宙内事。

【注释】

①宇宙：时间和空间的总和，包含古往今来、上下四方。语出《尸子》："上下四方曰宇，往古来今曰宙。"

身在天地后，心在天地前；身在万物中，心在万物上。

观天地生物气象[1]，学圣贤克己工夫[2]。下手处是自强不息[3]，成就处是至诚无息。

【注释】

①气象：境界和景象。

②克己：克制约束自我。

③自强不息：语出《易·乾·象》："天行健，君子以自强不息。"

以圣贤之道教人易，以圣贤之道治己难；以圣贤之道出口易，以圣贤之道躬行难[1]；以圣贤之道奋始易，以圣贤之道克终难[2]。圣贤学问是一套，行王道必本天德[3]；后世学问是两截，不修己只管治人。

【注释】

①躬行：身体力行，亲自去做。

②克终：坚持到最后。语出《诗经·大雅·荡》："靡不有初，鲜克有终。"

③王道：圣王治国之道，仁义治天下，是儒家理想的政治模式。

口里伊周[①]，心中盗跖[②]，责人而不责己，名为挂榜圣贤[③]；独凛明旦，幽畏鬼神，知人而复知天，方是有根学问。

【注释】

①伊周：指商代的伊尹与和周代的周公旦，二人均是历史上著名的贤德之人。

②盗跖：相传是春秋时期无恶不作的著名大盗，后来成为恶人、恶行的象征。

③挂榜圣贤：意思是表面上尊奉圣贤之道，实际上无恶不作。

无根本底气节[①]，如酒汉殴人，醉时勇，醒来退消，无分毫气力；无学问底识见，如庖人炀灶[②]，面前明，背后左右，无一些照顾。

【注释】

①底：通"的"。

②庖人：古代对厨师的称呼。炀灶：灶台前面烧火。

理以心得为精，故当沉潜[①]，不然，耳边口头也；事以典故为据，故当博洽[②]，不然，臆说杜撰也。

【注释】

①沉潜：集中精神，潜心专注。

②博洽：学识广博。

只有一毫粗疏处，便认理不真，所以说惟精[①]，不然，众论淆之而必疑[②]；只有一毫二三心，便守理不定，所以说惟一[③]，不然，利害临之而必变。

【注释】

①惟精：语出《尚书·大禹谟》："人心惟危，道心惟微，惟精惟一，允执厥中。"

②淆：混淆。

③惟一：见"惟精"解释。

接人要和中有介[①]，处事要精中有果[②]，认理要正中有通[③]。

【注释】

①介：耿直，有骨气。

②果：果断，果决。

③通：通达。

在古人之后议古人之失则易，处古人之位为古人之事则难。

古之学者得一善言，附于其身；今之学者得一善言，务以悦人。

古之君子病其无能也[①]，学之；今之君子耻其无能也，讳之[2]。

【注释】

①病：担心，忧虑。

②讳：回避，忌讳。

眼界要阔，遍历名山大川；度量要宏，熟读五经诸史[1]。

【注释】

①五经：指《诗经》《尚书》《礼》《周易》《春秋》五部儒家经典。

先读经后读史，则论事不谬于圣贤[1]；既读史复读经，则观书不徒为章句[2]。

【注释】

①谬：违背，背离。

②章句：经学家解说经义的一种方式，剖章析句。此处指不能通达大义，只拘泥于辨析章句。

读经传则根底厚[1]，看史鉴则议论伟。观云物则眼界宽，去嗜欲则胸怀净[2]。

【注释】

①经传：经指儒家经典，传以解释经典。

②嗜欲：嗜好和欲望。

一庭之内，自有至乐；六经以外，别无奇书。

读未见书，如得良友；见已读书，如逢故人。

何思何虑，居心当如止水；勿取[1]勿忘，为学当如流水。

【注释】

①取：通“趋”，指冒进，急躁前行。

心不欲杂，杂则神荡而不收；心不欲劳，劳则神疲而不入。

心慎杂欲，则有余灵；目慎杂观，则有余明。

案上不可多书，心中不可少书。鱼离水则鳞枯，心离书则神索[1]。

【注释】

①索：孤独，孤单。

志之所趋，无远勿届[1]，穷山距海[2]，不能限也；志之所向，无坚不入，锐兵精甲，不能御也。

【注释】

①届：到达。

②穷山：指深山。距海：距离遥远的海。

把意念沉潜得下，何理不可得？把志气奋发得起，何事不可做？

不虚心，便如以水沃石[1]，一毫进入不得；不开悟，便如胶柱鼓瑟[2]，一毫转动不得；不体认，便如电光照物，一毫把捉不得；不躬行，便如水行得车，陆行得舟，一毫受用不得。

【注释】

①沃：浇。

②胶柱鼓瑟：柱：调弦用的短木。意思是如果用胶把柱粘住，柱不能移动，就无法调弦弹奏了。常用来比喻固执、拘泥而不知变通。

读书贵能疑，疑乃可以启信。读书在有渐[1]，渐乃克底有成。

【注释】

①渐：循序渐进，逐渐浸染。

看书求理，须令自家胸中点头；与人谈理，须令人家胸中点头。

爱惜精神，留他日担当宇宙；蹉跎岁月[1]，问何时报答君亲。

戒浩饮[2]，浩饮伤神。戒贪色，贪色灭神。戒厚味，厚味昏神。戒饱食，饱食闷神。戒多动，多动乱神。戒多言，多言损神。戒多忧，多忧郁神。戒多思，多思挠神。戒久睡，久睡倦神。戒久读，久读苦神。

【注释】

①蹉跎岁月：指虚度光阴。

②浩饮：酗酒。

本类简评

以“学问”为《格言联璧》十一类之首，并非作者随意的行为，而是一种特意的安排。在中国古代，儒家思想对社会影响最为深远，长期主导着社会主流观念。在漫长的历史时期，儒家为社会建立起了一套以“修身、齐家、治国、平天下”为人生目标的核心价值观。修、齐、治、平的人生理想是一个符合逻辑的递进关系，它以修身为起点，以平天下为最高理想，而所谓的“修身”就是一种“学问”之道。古人心目中的“学问”，并非是一种单纯的知识学习，而是通过学习提升个人的道德修养，进而实现或达到“修身”的目的。正因为如此，《格言联璧》开篇就提出了“天地间第一人品，还是读书”，在作者看来，读书学习是最高尚的行为。读书的意义不在于成就个人的功名，而在于追求“人高品雅”的道德境界，此即“士虽有学，而行为本”。当然，由于时代的不同，人们对于“行”也有不同的理解和主张，儒家思想所强调的“行”，主要表现为忠孝仁恕的人伦关系。一个人必须履行君臣、夫妻、父子、兄弟、朋友之间的义务，才能成为“名教中人”。本篇中有不少格言都是强调这种人伦关系的，我们在阅读中应报以温情的敬意，同时也必须明白其时代的局限。特别需要指出的是，本篇中所选取的格言从多个角度论述了读书活动，既强调读书的重要性，又同时强调了读书的态度、方法，读书要做到心灵明澈、意念沉潜、志气奋发、躬行体认，这些宝贵的读书、问学经验同样值得我们认真地加以汲取。

存养类

性分不可使不足[①]，故其取数也宜多：曰穷理，曰尽性，曰达天，曰入神，曰致广大，极高明[②]。情欲不可使有余，故其取数也宜少：曰谨行，曰慎行，曰约己[③]，曰清心，曰节饮食，寡嗜欲。

【注释】

①性分：指人所秉的天性、本性。

②穷理尽性，是指推求世界万事万物的道理，洞彻人的本性。语出《易·说卦》："穷理尽兴，以至于命。"达天：达即"通"，通晓天理。致广大，极高明：语出《中庸》："君子尊德性而道问学，致广大而尽精微，极高明而道中庸。"

③约己：约束自己。

大其心，容天下之物；虚其心，受天下之善；平其心，论天下之事；潜其心，观天下之理；定其心，应天下之变。

清明以养吾之神[①]，湛一以养吾之虑[②]，沉警以养吾之识[③]，刚大以养吾之气，果断以养吾之才，凝重以养吾之度，宽裕以养吾之量，严冷以养吾之操[④]。

【注释】

①清明：内心清澈明净。

②湛一：语出张载《正蒙·诚明篇》："湛一，气之本；攻取，气之欲。"意为沉静合一，气定神宁。

③沉警：深沉而反应敏捷。

④严冷：肃穆严正的作风。

自家有好处，要掩藏几分，这是涵育以养深；别人不好处，要掩藏几分，这是浑厚以养大。

以虚养心，以德养身，以仁养天下万物，以道养天下万世。

涵养冲虚[①]，便是身世学问[②]；省除烦恼，何等心性安和！

【注释】

①冲虚：恬淡虚静。

②身世：一生，终身。

颜子四勿[①]，要收入来，闲存工夫，制外以养中也；孟子四端[②]，要扩充去，格致工夫[③]，推近以暨远也[④]。

【注释】

①颜子：孔子的弟子颜渊。四勿：语出《论语·颜渊》：“非礼勿视，非礼勿听，非礼勿言，非礼勿动。”

②孟子：儒家思想的重要代表人物。四端：语出《孟子·公孙丑篇》：“恻隐之心，仁之端也；羞恶之心，义之端也；辞让之心，礼之端也；是非之心，智之端也。”

③格致：格物致知。语出《大学》：“致知在格物”。

④暨：及。

喜怒哀乐而曰未发[①]，是从人心直溯道心[②]，要他存养[③]；未发而曰喜怒哀乐，是从道心指出人心，要他省察。

【注释】

①未发：中国古代思想的重要范畴，指喜欢、愤怒、悲哀、快乐等情感没有向外表露的时候。语出《中庸》：“喜怒哀乐之未发谓之中，发而皆中节谓之和。”

②道心：与“人心”相对，即求天理，去人欲之心。《朱子语类》引程子说：“人心，人欲也；道心，天理也。”

③存养：即存心养性，语出《孟子·尽心上》：“存其心，养其性。”存养是宋明理学所主张的修身养性之法，留存本心，涵养仁善。

存养宜冲粹[①]，近春温；省察宜谨严，近秋肃。

【注释】

①冲粹：中合纯正。嵇康《答〈难养生论〉》：“令尹之尊，不若德义之贵；三黜之贱，不复冲粹之美。”

就性情上理会[①]，则曰涵养；就念虑上提撕[②]，则曰省察；就气质上销镕[③]，则曰克治。

【注释】

①理会：在意。

②提撕：教导，提醒。《诗·大雅·抑》："匪面命之，言提其耳。"郑玄笺："我非但对面语之，亲提撕其耳。"

③销镕：熔铸之意。

一动于欲，欲迷则昏。一任乎气[①]，气偏则戾[②]。

【注释】

①任乎气：处事不加约束，任性而为，纵性任意。

②戾：乖戾，违背情理。

人心如谷种，满腔都是生意[①]，物欲锢之而滞矣。然而生意未尝不在也，疏之而已耳。

人心如明镜，全体浑是光明，习染薰之而暗矣[②]。然而明体未尝不存也，拭之而已耳。

【注释】

①生意：生命力，生机。

②习染：受某种（坏）习惯感染、沾染。

果决人似忙[①]，心中常有余闲。因循人似闲[②]，心中常有余忙。

【注释】

①果决人：果敢决断的人。

②因循人：拖延犹豫的人。

寡欲故静，有主则虚[1]。

【注释】

①有主则虚：心有定见，则不为外物所控制，虚以待己。

无欲之谓圣，寡欲之谓贤，多欲之谓凡，徇欲之谓狂[1]。

【注释】

①徇：顺从，曲从。

人之心胸，多欲则窄，寡欲则宽。人之心境，多欲则忙，寡欲则闲。人之心术，多欲则险，寡欲则平。人之心事，多欲则忧，寡欲则乐。人之心气，多欲则馁[1]，寡欲则刚。

【注释】

①馁：软弱，没有果敢之气。

宜静默，宜从容，宜谨严，宜俭约，四者切己良箴[1]。忌多欲，忌妄动，忌坐驰[2]，忌旁骛，四者切己大病。常操常存，得一恒字诀。勿忘勿助，得一渐字诀。

【注释】

①切己：切身，与自身有紧密关系。箴：劝谏之言。

②坐驰：表面上安坐不动而内心躁动存有杂念。《庄子·人间世》："瞻彼阕者，虚室生白，吉祥止止。夫且不止，是之谓坐驰。"

敬守此心，则心定；敛抑其气[1]，则气平。

【注释】

①敛抑：收敛抑制。

人性中不可缺一物，人性上不可添一物。

君子之心不胜其小，而气量涵盖一世。

小人之心不胜其大，而志意拘守一隅[①]。

【注释】

①隅：角落，形容内心狭隘。

怒是猛虎，欲是深渊。

忿如火，不遏则燎原；欲如水，不遏则滔天。

惩忿如摧山，窒欲如填壑；惩忿如救火，窒欲如防水。

心一松散，万事不可收拾。心一疏忽，万事不入耳目。心一执著，万事不得自然。

一念疏忽，是错起头；一念决裂，是错到底。

古之学者，在心上做工夫，故发之容貌，则为盛德之符；今之学者，在容貌上做工夫，故反之于心，则为实德之病。

只是心不放肆，便无过差；只是心不怠忽，便无逸志。

处逆境心，须用开拓法；处顺境心，要用收敛法。

世路风霜，吾人炼心之境也。世情冷暖，吾人忍性之地也。世事颠倒，吾人修行之资也。

青天白日的节义，自暗室屋漏中培来[1]。旋乾转坤的经纶[2]，自临深履薄处得力[3]。

【注释】

①暗室：指没有光亮的隐秘地方。屋漏：本意指屋内西北角，用于安藏神主，为人所不见，借指独处为别人所不见之时，语出《诗·大雅·抑》：“相在尔室，尚不愧于屋漏。”

②经纶：治历国家的抱负和才干。

③临深履薄：临深渊，履薄冰，指人应该时刻谨慎小心，唯恐有失。语出《诗经·小雅·小旻》：“战战兢兢，如临深渊，如履薄冰。”

名誉自屈辱中彰，德量自隐忍中大。

谦退是保身第一法，安详是处事第一法，涵容是待人第一法[1]，洒脱是养心第一法。

【注释】

①涵容：包容，宽容，有涵养。

喜来时，一检点[1]；怒来时，一检点；怠惰时，一检点；放肆时，一检点。

【注释】

①检点：约束自身言行。

自处超然，处人蔼然[①]。无事澄然[②]，有事斩然[③]。得意淡然，失意泰然。

【注释】

①蔼然：温和，和善。

②澄然：宁静悠闲。

③斩然：果决，果断。

静能制动，沉能制浮。宽能制褊[①]，缓能制急。

【注释】

①褊：气量狭小。

天地间真滋味，惟静者能尝得出；天地间真机括[①]，惟静者能看得透。

【注释】

①机括：又作“机栝”，弩上发矢的构件。《庄子·齐物论》：“其发若机栝，其司是非之谓也。”常用来比喻事物的关键之处。

有才而性缓，定属大才；有智而气和，斯为大智。

气忌盛，心忌满，才忌露。

有作用者[①]，器宇定是不凡[②]；有智慧者，才情决然不露。

【注释】

①作用：这里指有作为的人。

②器宇：器量，胸怀。

意粗性躁，一事无成；心平气和，千祥骈集[1]。

【注释】

①骈集：聚集，集中。

世俗烦恼处，要耐得下。世事纷扰处，要闲得下。胸怀牵缠处，要割得下。境地浓艳处，要淡得下。意气忿怒处，要降得下。

以和气迎人，则乖沴灭[1]。以正气接物，则妖氛消。以浩气临事，则疑畏释。以静气养身，则梦寐恬[2]。

【注释】

①乖沴（lì）：灾难，不和之气。

②恬：泰然，安然。

观操存[1]，在利害时；观精力，在饥疲时；观度量，在喜怒时；观镇定，在震惊时。

【注释】

①操存：指人的操守、心志。

大事难事看担当，逆境顺境看襟度[1]。临喜临怒看涵养，群行群止看识见[2]。

【注释】

①襟度：胸襟度量。

②识见：见解、见识。

轻当矫之以重[①]，浮当矫之以实，褊当矫之以宽，执当矫之以圆，傲当矫之以谦，肆当矫之以谨，奢当矫之以俭，忍当矫之以慈[②]，贪当矫之以廉，私当矫之以公，放言当矫之以缄默[③]，好动当矫之以镇静，粗率当矫之以细密，躁急当矫之以和缓，怠隋当矫之以精勤，刚暴当矫之以温柔，浅露当矫之以沉潜，溪刻当矫之以浑厚[④]。

【注释】

①矫：矫正，纠偏。重：稳重。

②忍：残忍。

③放言：言论放纵，不知顾忌。《后汉书·荀韩锺陈传论》："汉自中世以下，阉竖擅恣，故俗遂以遁身矫絜放言为高。"李贤注："放肆其言，不拘节制也。"

④溪刻：也作"犀刻"，尖刻、刻薄。刘义庆《世说新语·豪爽》："桓公读《高士传》，至於陵仲子，便掷去，曰：'谁能作此溪刻自处！'"

本类简评

"存养"，即"存心养性"，是中国古代关于修身养性的重要主张和基本方法。其核心就是要通过克制各种自身的欲念、外在的诱惑，从而保有上天赋予的本心、天性。"存养"思想，源于孟子，是建立在"性善说"基础之上的。宋明理学秉承了孟子的"存养"说，加以完善和体系化，从而建立起一套修身养性的基本方法。它认为，每个人都秉承上天赋予的善良本心，此称之为“性分”，也就是说每个人都有成为尧舜的潜质，只要将自己的“性分”守护好，就可以成为尧舜那样的圣人。因此，本篇许多格言，都是围绕如何“存养”展开的，格言所强调的就是，一个人如何去守护自己的本心，并用它来对抗各种欲念、诱惑，以省察、节制、涵养、谦退之法，培养自己的浩然之气，成就圣贤之道。文中所提出的一系列存养方法：穷理、尽性、达天、谨言、慎行、清心、寡欲、克治、静默、敛抑等，对于今天我们修身养性也不无启迪。通读本篇，我们常常会被其中激荡的崇高理想所深深打动，为其中所推崇的修身法门而衷心折服。时代不同了，道德伦理观念也发生了巨大变化，但是这种守护理想，守护人类精神家园的精神则永不过时。

持躬类

聪明睿知，守之以愚。功被天下[①]，守之以让。勇力振世，守之以怯。富有四海，守之以谦。

【注释】

①被：同“披”，遍及，覆盖。

不与居积人争富[①]，不与进取人争贵[②]，不与矜饰人争名[③]，不与少年人争英俊[④]，不与盛气人争是非。

【注释】

①居积：囤积居奇，囤聚财物。

②进取：这里指追求功名地位。

③矜饰：自夸，自我粉饰。

④少年：有本作“年少”。

富贵，怨之府也[1]。才能，身之灾也。声名，谤之媒也[2]。欢乐，悲之渐也。

【注释】

①府：根源，源头。

②谤：诽谤。媒：导致双方建立起关系的人或事物。

浓于声色[1]，生虚怯病。浓于货利，生贪饕病[2]。浓于功业，生造作病。浓于名誉，生矫激病[3]。

【注释】

①浓：过分迷恋追求。

②贪饕：贪得无厌。

③矫激：矫情而偏激，矫揉造作以获得声名而导致行为偏激，违背常情。

想自己身心，到后日置之何处；顾本来面目，在古人像个甚人[1]。

【注释】

①甚：什么。

莫轻视此身，三才在此六尺[1]；莫轻视此生，千古在此一日。

【注释】

①三才：指天、地、人。语出《易传·系辞下》："有天道焉，有人道焉，有地道焉。兼三才而两之，故六。六者非它也，三才之道也。"六尺：此处指身躯。

醉酒饱肉，浪笑恣谈，却不错过了一日[①]？妄动胡言，昧理纵欲，讵不作孽了一日[②]？

【注释】

①却不：怎么不，岂不。

②讵（jù）：怎，岂。

不让古人，是谓有志；不让今人，是谓无量。

一能胜千，君子不可无此小心；吾何畏彼，丈夫不可无此大志。

怪小人之颠倒豪杰[①]，不知惟颠倒方为小人。惜君子之受世折磨，不知惟折磨乃见君子。

【注释】

①颠倒：迫害。

经一番挫折，长一番识见。容一番横逆，增一番器度。省一分经营，多一分道义。学一分退让，讨一分便宜。去一分奢侈，少一分罪过。加一分体贴[①]，知一分物情[②]。

【注释】

①体贴：细心体会。

②物情：世故人情。

不自重者取辱，不自畏者招祸，不自满者受益，不自是者博闻[①]。

【注释】

①自是：自以为是。

有真才者，必不矜才[①]；有实学者，必不夸学。

【注释】

①矜：自尊，自大，妄自尊大。

盖世功劳，当不得一个矜字；弥天罪恶，最难得一个悔字。

诿罪掠功[①]，此小人事。掩罪夸功，此众人事[②]。让美归功[③]，此君子事。分怨共过[④]，此盛德事。

【注释】

①诿：推脱，推卸。掠：抢夺，争夺。

②众人：凡人，普通人。

③归功：将功劳归于他人。

④分：分担，承担。

毋毁众人之名，以成一己之善；毋没天下之理[①]，以护一己之过[②]。

【注释】

①没：埋没。

②护：袒护。

大著肚皮容物，立定脚跟做人。实处著脚，稳处下手。

读书有四个字最要紧，曰阙疑好问[①]；做人有四个字最要紧，曰务实耐久。

【注释】

①阙疑：对疑惑不解的东西不妄加评论。语出《论语·为政》："多闻阙疑，慎言其余，则寡尤。"

事当快意时须转，言到快意时须住。

物忌全胜，事忌全美，人忌全盛。

尽前行者地步窄，向后看者眼界宽。

留有余不尽之巧，以还造化[①]。留有余不尽之禄，以还朝廷。留有余不尽之财，以还百姓。留有余不尽之福，以贻子孙[②]。

【注释】

①造化：大自然。《庄子·大宗师》："今一以天地为大炉，以造化为大冶，恶乎往而不可哉?"

②贻：遗留，留下。

四海和平之福，只是随缘[①]；一生牵惹之劳[②]，总因好事。

【注释】

①随缘：顺应机缘，顺其自然。

②牵惹：牵扯，牵连。《朱子语类》卷十六："当如此做，又被那如彼底心牵惹，这便是不实，便都做不成。"

花繁柳密处拨得开，方见手段；风狂雨骤时立得定，才是脚跟。

步步占先者，必有人以挤之；事事争胜者，必有人以挫之。

能改过，则天地不怒；能安分，则鬼神无权[①]。

【注释】

①权：权威。

言行拟之古人，则德进。功名付之天命，则心闲。报应念及子孙，则事平。受享虑及疾病，则用俭。

安莫安于知足，危莫危于多言；贵莫贵于无求，贱莫贱于多欲；乐莫乐于好善，苦莫苦于多贪；长莫长于博识，短莫短于自恃；明莫明于体物，暗莫暗于昧几[①]。

【注释】

①昧几：不能体察事物发展变化的先机。几：细微的征兆，预兆，先机。

能知足者，天不能贫。能忍辱者，天不能祸。能无求者，天不能贱。能外形骸者，天不能病。能不贪生者，天不能死。能随遇而安者，天不能困。能造就人材者，天不能孤。能以身任天下后世者，天不能绝。

天薄我以福，吾厚吾德以迓之[①]。天劳我以形，吾逸吾心以补之[②]。天危我以遇，吾享吾道以通之。天苦我以境，吾乐吾神以畅之。

【注释】

①迓（yà）：迎接。

②逸：超越。

吉凶祸福，是天主张。毁誉予夺，是人主张。主身行己，是我主张。

要得富贵福泽，天主张，由不得我；要做贤人君子，我主张，由不得天。

富以能施为德，贫以无求为德，贵以下人为德[①]，贱以忘势为德。

【注释】

①下人：谦让而居人之下。

护体面，不如重廉耻。求医药，不如养性情。立党羽，不如昭信义[①]。作威福，不如笃至诚[②]。多言说，不如慎隐微。博声名，不如正心术。恣豪华，不如乐名教。广田宅，不如教义方[③]。

【注释】

①昭：显著，昭著。

②笃：一心一意，忠实。至诚：中国古代思想的重要范畴，修身养性的一种最高境界。语出《礼记·中庸》："惟天下至诚，为能经纶天下

之大经，立天下之大本，知天地之化育。”

③义方：做人的规范和道理。语出《左传·隐公三年》：“石碏谏曰：‘臣闻爱子教之以义方，弗纳于邪。”

行己恭，责躬厚[1]**，接众和，立心正，进道勇**[2]**。择友以求益，改过以全身。**

【注释】

①责躬厚：多责备自己。躬：自身。厚：多。语出《论语·卫灵公》：“躬自厚而薄责于人，则远怨矣。”

②讲道：讲求修身立德之道。

敬为千圣授受真源[1]**，慎乃百年提撕紧钥**[2]**。**

【注释】

①千圣：指自古以来的圣人。

②提撕：提醒，告诫。紧钥：关键。

度量如海涵春育[1]**，应接如流水行云**[2]**。操存如青天白日，威仪如丹凤祥麟**[3]**。**

言论如敲金戛石[4]**，持身如玉洁冰清。襟抱如光风霁月，气概如乔岳泰山**[5]**。**

【注释】

①海涵春育：比喻人的度量像大海一样包容宽厚，待人像春风一样和煦，化育万物。

②应接：待人接物。

③丹凤祥麟：凤凰麒麟，是古代的祥瑞之兽。

④戛：敲打。

⑤乔岳：高山。

海阔从鱼跃，天空任鸟飞，非大丈夫不能有此度量！

振衣千仞冈[①]，濯足万里流[②]，非大丈夫不能有此气节！

珍藏泽自媚，玉韫山含辉[③]，非大丈夫不能有此蕴藉！

月到梧桐上，风来杨柳边，非大丈夫不能有此襟怀！

【注释】

①振衣千仞冈：在千仞高山上抖落衣服上的灰尘。

②濯：洗。

③韫（yùn）：蕴藏。

处草野之日[①]，不可将此身看得小；居廊庙之日[②]，不可将此身看得大。

【注释】

①草野：长满荒草的野外，与下文“廊庙”相对，借指民间。

②廊庙：殿下的房屋与太庙，借指朝廷。

只一个俗念头，错做了一生人；只一双俗眼目，错认了一生人。

心不妄念，身不妄动，口不妄言，君子所以存诚。

内不欺己，外不欺人，上不欺天，君子所以慎独。

不愧父母，不愧兄弟，不愧妻子，君子所以宜家。

不负天子，不负生民，不负所学，君子所以用世。

以性分言[①]，无论父子兄弟，即天地万物，皆一体耳，何物非我？于此信得及，则心体廓然矣[②]。

以外物言，无论功名富贵，即四肢百骸，亦躯壳耳，何物是我？于此信得及，则世味淡然矣。

【注释】

①性分：一个人所秉的天性、本性。

②廓然：空旷远大。

有补于天地曰功[①]，有关于世教曰名[②]，有学问曰富，有廉耻曰贵，是谓功名富贵。

无为曰道，无欲曰德，无习于鄙陋曰文，无近于暧昧曰章[③]，是谓道德文章。

【注释】

①补：补益。

②世教：世道教化。

③暧昧：指行为、态度没原则，不鲜明。

困辱非忧，取困辱为忧；荣利非乐，忘荣利为乐。

热闹华荣之境，一过辄生凄凉；清真冷淡之为[①]，历久愈有意味。

【注释】

①清真：清纯，真诚。

心志要苦，意趣要乐，气度要宏，言动要谨。

心术以光明笃实为第一，容貌以正大老成为第一，言语以简重真切为第一。

勿吐无益身心之语，勿为无益身心之事，勿近无益身心之人，勿入无益身心之境，勿展无益身心之书。

此生不学一可惜，此日闲过二可惜，此身一败三可惜[①]。

【注释】

①此身一败：一生一事无成。

君子胸中所常体，不是人情是天理。君子口中所常道，不是人伦是世教。君子身中所常行，不是规矩是准绳。

休诿罪于气化[①]，一切责之人事；休过望于世间[②]，一切求之我身。

【注释】

①气化：天地阴阳之气的变化，自然造化。

②过望：过高期待。

自责之外，无胜人之术；自强之外，无上人之术。

书有未曾经我读，事无不可对人言。

闺门之事可传，而后知君子之家法矣；近习之人起敬[1]，而后知君子之身法矣。

【注释】

①近习：亲近，密切接触。

门内罕闻嬉笑怒骂，其家范可知；座右遍书名论格言，其志趣可想。

慎言动于妻子仆隶之间[1]，检身心于食息起居之际。

【注释】

①妻子仆隶：妻子、儿女、奴婢、佣人。

语言间尽可积德，妻子间亦是修身[1]。

【注释】

①妻子：妻子儿女。古文“妻子”，一般都指妻子儿女。

昼验之妻子，以观其行之笃与否也；夜考之梦寐，以卜其志之定与否也。

欲理会七尺[1]，先理会方寸[2]；欲理会六合[3]，先理会一腔[4]。

【注释】

①七尺：本意是身高，常用来代指人。

②方寸：细微之间，常用来代指人的内心世界。

③六合：上下四方，常用来代指天地宇宙间。

④一腔：指自身、自己。

世人以七尺为性命[①]，君子以性命为七尺。

【注释】

①性命：秉承上天的本性。普通人以为躯体就代表上天赋予的本性，所以称“以七尺为性命”，君子则不然，会像珍惜自己躯体一样对待上天赋予的本性。

气象要高旷，不可疏狂。心思要缜密，不可琐屑。

趣味要冲淡，不可枯寂。操守要严明，不可激烈。

聪明者，戒太察[①]。刚强者，戒太暴。温良者，戒无断。

【注释】

①察：指过于精明，锱铢必较。

勿施小惠伤大体，毋借公道遂私情。以情恕人，以理律己。

以恕己之心恕人，则全交[①]；以责人之心责己，则寡过[②]。

【注释】

①全交：保持友情。

②寡过：少犯错误。

力有所不能，圣人不以无可奈何者责人；心有所当尽，圣人不以无可奈何者自诿[①]。

【注释】

①诿：推诿，推卸。

众恶必察，众好必察，易；自恶必察，自好必察，难。

见人不是，诸恶之根；见己不是，万善之门。

不为过三字[①]，昧却多少良心；没奈何三字[②]，抹去多少体面。

【注释】

①不为过：不能称得上是过错，不过分。

②没奈何：无可奈何。

品诣常看胜如我者[①]，则愧耻自增；享用常看不如我者，则怨尤自泯[②]。

【注释】

①品诣：品行，操行。胜如：超过。

②怨尤：怨天尤人。泯：泯灭，消失。

家坐无聊，亦念食力担夫红尘赤日[①]；官阶不达，尚有高才秀士白首青衿[②]。

【注释】

①食力：靠力气谋生。红尘赤日：尘土烈日之下，形容艰苦的劳动条件。

②青衿：语出《诗·郑风·子衿》："青青子衿，悠悠我心"毛传："青衿，青领也。学子之所服。"青衿成为中国古代读书人的代称。明清时期，秀才也称青衿，指府州县学的生员。

将啼饥者比，则得饱自乐。将号寒者比，则得暖自乐。将劳役者比，则优闲自乐。将疾病者比，则康健自乐。将祸患者比，则平安自乐。将死亡者比，则生存自乐。

常思终天抱恨[1]，自不得不尽孝心。常思度日艰难，自不得不节费用。常思人命脆薄，自不得不惜精神。常思世态炎凉，自不得不奋志气。常思法网难漏，自不得不戒非为。常思身命易倾[2]，自不得不忍气性。

【注释】

①终天：指死丧不幸。陶潜《祭程氏妹文》："如何一往，终天不返！"

②倾：倾覆，逝去。

以媚字奉亲[1]，以淡字交友，以苟字省费[2]，以拙字免劳，以聋字止谤，以盲字远色，以吝字防口[3]，以病字医淫，以贪字读书，以疑字穷理，以刻字责己，以迂字守礼，以狠字立志，以傲字植骨，以痴字救贫，以空字解忧，以弱字御侮，以悔字改过，以懒字抑奔竞风[4]，以惰字屏尘俗事[5]。

【注释】

①媚：迎合，讨好。

②苟：随便，不精益求精。

③吝：吝惜语言，少说。

④奔竞：奔走以争取名利。

⑤屏：摒弃。

对失意人，莫谈得意事；处得意日，莫忘失意时。

贫贱是苦境，能善处者自乐；富贵是乐境，不善处者更苦。

恩里由来生害，故快意时须早回头；败后或反成功，故拂心处莫便放手[①]。

【注释】

①拂心：不合心意，不顺利。

深沉厚重，是第一等资质；磊落雄豪，是第二等资质；聪明才辩，是第三等资质。

上士忘名[①]，中士立名[②]，下士窃名[③]。上士闭心[④]，中士闭口，下士闭门。

【注释】

①忘名：超脱，不为名声左右。

②立名：努力去博得名声。

③窃名：不择手段去博取名声。

④闭心：克制内心欲望，无所欲求。

好讦人者身必危[①]，自甘为愚，适成其保身之智；好自夸者人多笑，自舞其智，适见其欺人之愚。

【注释】

①讦（jié）：攻讦，说别人坏话或揭人隐私。

闲暇出于精勤，恬适出于祗惧[1]；无思出于能虑，大胆出于小心。

【注释】

①祗惧：小心谨慎，敬惧。

平康之中[1]，有险阻焉。衽席之内[2]，有鸩毒焉[3]。衣食之间，有祸败焉。

【注释】

①平康：处境安顺。

②衽席：卧席，这里指太平安宁的生活。

③鸩毒：用毒酒加害。

居安虑危，处治思乱。

天下之势，以渐而成；天下之事，以积而固。

祸到休愁，也要会救；福来休喜，也要会受。

天欲祸人，先以微福骄之；天欲福人，先以微祸儆之[1]。

【注释】

①儆：警告，使心存警惕。

傲慢之人骤得通显[1]，天将重刑之也；疏放之人艰于进取[2]，天将曲赦之也[3]。

【注释】

①骤：突然。通显：地位通达显要。

②疏放：散漫，狂放。

③曲赦：特别赦免。

小人亦有坦荡荡处，无所忌惮是已；君子亦有长戚戚处，终身之忧是已。

君子犹水也，其性冲[1]，其质白，其味淡。其为用也，可以浣不洁者而使洁[2]。即沸汤者投以油，亦自分别而不相混，诚哉君子也！

小人譬油也，其性滑，其质腻，其味浓。其为用也，可以污洁者而使不洁。倘滚油中投以水，必至激搏而不相容，诚哉小人也！

【注释】

①冲：冲虚，空灵。《老子》："道冲而用之，或不盈，渊兮似万物之宗。"

②浣：清洗。

凡阳必刚，刚必明，明则易知；凡阴必柔，柔必暗，暗则难测。

称人以颜子[1]，无不悦者，忘其贫贱而夭；指人以盗跖[2]，无不怒者，忘其富贵而寿。

【注释】

①颜子：即颜回，孔子最得意的弟子，箪食瓢饮，乐而不忧，不幸早亡。

②盗跖：相传是春秋时期著名的大盗，以寿终。

事事难上难，举足常虞失坠[①]；件件想一想，浑身都是过差[②]。

【注释】

①虞：担心，防备。

②过差：过失差错。

怒宜实力消融[①]，过要细心检点。

【注释】

①实力：切实努力。消融：化解，消除。

探理宜柔，优游涵泳[①]，始可以自得；决欲宜刚[②]，勇猛奋迅，始可以自新。

【注释】

①优游涵泳：从容地深入领会，品味思考。

②决欲：断绝欲念。

惩忿窒欲[①]，其象为损[②]，得力在一忍字；迁善改过，其象为益[③]，得力在一悔字。

【注释】

①窒欲：不放纵，控制欲望。

②象：卦象。损：《周易》六十四卦之一，《象》曰："山下有泽，

损。君子以征忿窒欲。”强调君子要克制自己的愤怒不要发火，并克制自己的欲望。

③益：《周易》六十四卦之一，《象》曰：“风雷，益。君子以见善则迁，有过则改。”强调君子要见善思齐，有过则改。

富贵如传舍[①]，惟谨慎可得久居；贫贱如敝衣，惟勤俭可以脱卸。

【注释】

①传舍：古代驿站，或供来往行人休息、住宿的地方。

俭则约，约则百善俱兴；侈则肆，肆则百恶俱纵。

奢者富不足，俭者贫有余；奢者心常贫，俭者心常富。

贪饕以招辱[①]，不若俭而守廉。干请以犯义[②]，不若俭而全节。侵牟以聚怨[③]，不若俭而养心。放肆以遂欲，不若俭而安性。

【注释】

①贪饕：贪得无厌。

②干请：请托钻营。

③侵牟：侵害，掠夺。

静坐，然后知平日之气浮。守默，然后知平日之言躁。省事，然后知平日之心忙。闭户，然后知平日之交滥。寡欲，然后知平日之病多。近情[①]，然后知平日之念刻[②]。

【注释】

①近情：从人之常情考虑问题。

②刻：刻薄不近人情。

无病之身，不知其乐也，病生，始知无病之乐；无事之家，不知其福也，事至，始知无事之福。

欲心正炽时[①]，一念著病，兴似寒冰；利心正炽时，一想到死，味同嚼蜡[②]。

【注释】

①炽：炽热，旺盛。

②嚼蜡：形容索然无味。

有一乐境界，即有一不乐者相对待；有一好光景，便有一不好底相乘除[①]。

【注释】

①乘除：抵销。

事不可做尽，言不可道尽，势不可倚尽，福不可享尽。

不可吃尽，不可穿尽，不可说尽；又要懂得，又要做得，又要耐得。

难消之味休食，难得之物休蓄，难酬之恩休受，难久之友休交，难再之时休失，难守之财休积，难雪之谤休辩，难释之忿休较[①]。

【注释】

①释：放下，消除。较：计较。

饭休不嚼便咽，路休不看便走，话休不想便说，事休不思便做，衣休不慎便脱，财休不审便取[1]，气休不忍便动，友休不择便交。

【注释】

①审：仔细思考。

为善如负重登山，志虽已确，而力犹恐不及；为恶如乘骏走坂[1]，鞭虽不加，而足不禁其前。

【注释】

①骏：骏马。坂：山坡，斜坡。

防欲如挽逆水之舟，才歇手，便下流[1]；力善如缘无枝之树[2]，才住脚，便下坠。

【注释】

①下流：顺流而下。

②缘：攀爬。

胆欲大，心欲小；智欲圆，行欲方。

真圣贤，决非迂腐；真豪杰，断不粗疏。

龙吟虎啸，凤翥鸾翔[1]，大丈夫之气象；蚕茧蛛丝，蚁封蚓结[2]，儿女子之经营[3]。

【注释】

①翥（zhù）：鸟向上飞。鸾：传说中的神鸟。

②蚁封：蚂蚁窝。蚓结：蚯蚓爬行时屈曲的状态。

③儿女子：妇孺之辈，指小人。

格格不吐[1]，刺刺不休[2]，总是一般语病，请以莺歌燕语疗之；恋恋不舍，忽忽若忘，各有一种情痴，当以鸢飞鱼跃化之[3]。

【注释】

①格格：有心事的样子。

②刺刺：爱说话的样子。

③鸢飞鱼跃：鹰在天空飞翔，鱼在水中腾跃。效法鹰飞鱼跃那样的自然，去化解各种情痴。

问消息于蓍龟[1]，疑团空结；祈福祉于奥灶[2]，奢想徒劳。

【注释】

①蓍（shī）龟：蓍草与龟甲，古人占卜用具。

②奥灶：奥神与灶神。奥：房屋内的西南角，古人认为神居之处。语出《论语·八佾》："与其媚于奥，宁媚于灶。"

谦，美德也，过谦者怀诈；默，懿行也[1]，过默者藏奸。

【注释】

①懿（yì）：美好。

直不犯祸，和不害义。

圆融者无诡随之态[①]，精细者无苛察之心，方正者无乖拂之失，沉默者无阴险之术，诚笃者无椎鲁之累[②]，光明者无浅露之病，劲直者无径情之偏[③]，执持者无拘泥之迹，敏炼者无轻浮之状。

【注释】

①诡随：没有原则地附随别人。

②椎鲁：愚钝，愚鲁。

③径情：任性，随心。

才不足则多谋，识不足则多事，威不足则多怒，信不足则多言，勇不足则多劳，明不足则多察，理不足则多辩，情不足则多仪。

私恩煦感[①]，仁之贼也；直往轻担[②]，义之贼也；足恭伪态[③]，礼之贼也；苛察歧疑[④]，智之贼也；苟约固守[⑤]，信之贼也。

【注释】

①私恩：私人恩惠。煦（xù）：温暖。

②直往：行事草率。轻担：无承担，不负责任。

③足恭：过分恭敬献媚的样子。

④歧：多。

⑤苟约：随意的约定或者誓言。

有杀之为仁，生之不为仁者；有取之为义，与之为不义者；有卑之为礼，尊之为非礼者；有不知为智，知之为不智者；有违言为信，践言为非信者。

愚忠愚孝，实能维天地纲常[①]，惜不遇圣人裁成[②]，未尝入室[③]；大诈大奸，偏会建世间功业，倘非有英主驾驭，终必跳梁[④]。

【注释】

①纲常：儒家所提倡的人伦道德体系，即“三纲五常”。

②裁成：教育，教化。

③入室：进入室内。古代宫室，前面是堂，后面是室。比喻学问或技能达到了很高的水平。

④跳梁：欢腾捣乱而没有真本事。语出《庄子·逍遥游》：“子独不见狸牲乎，卑身而伏，以候敖者，东西跳梁，不辟高下。”

知其不可为而遂委心任之者，达人智士之见也；知其不可为而亦竭力图之者，忠臣孝子之心也。

小人只怕他有才，有才以济之，流害无穷；君子只怕他无才，无才以行之，虽贤何补。

本类简评

“持躬”意思是身体力行，就是要将修身养性的具体方法落实到个人的生活实践中。中国古代思想，一言以蔽之，就是注重道德，强调修身养性的重要。“学问”、“存养”两类已反复强调了修身的重要，并提出了一系列修身的方法，本篇则将重心落在了“躬行”。“绝知此事要躬行”，理想也好，梦想也好，说一千、道一万，终归要回到现实层面。本篇中许多格言都是生活经验的总结，是贤者生活方式的展现，充满了睿智，富于才思。人是社会的一个分子，总是会受到社会各个方面的左右和影响，人的社会处境非常复杂，所以“躬行”常常就会存在许多具体的困难：面对困境能否坚持修身养性？如何坚持？又如何修身养性？凡此种种，细读本篇都能找到答案。其中许多内容主张振聋发聩，如“勇力振世，守之以怯。富有四海，守之以谦。”“不自重者取辱，不自畏者招祸，不自满者受益，不自是者博闻。”“心不妄念，身不妄动，口不妄言，君子所以存诚。内不欺己，外不欺人，上不欺天，君子所以慎独。不愧父母，不愧兄弟，不愧妻子，君子所以宜家。不负天子，不负生民，不负所学，君子所以用世。”这些格言即使今天读来，也给人以力量，给人以鼓舞，给人以智慧。

摄生类

慎风寒，节饮食，是从吾身上却病法[①]；寡嗜欲，戒烦恼，是从吾心上却病法。

【注释】

①却：祛除。

少思虑以养心气，寡色欲以养肾气，勿妄动以养骨气，戒嗔怒以养肝气[①]，薄滋味以养胃气，省言语以养神气，多读书以养胆气，顺时令以养元气[②]。

【注释】

①嗔怒：恼怒。

②元气：中医术语，指人体内的“正气”。中医认为，人之所以生病就是元气被邪气所侵，因此养元气即可养生。

忧愁则气结，忿怒则气逆[①]，恐惧则气陷[②]，拘迫则气邪，急遽则气耗。

【注释】

①逆：行气不顺畅。

②陷：下沉。

行欲徐而稳[①]，立欲定而恭；坐欲端而正，声欲低而和。

【注释】

①欲：要，应当。

心神欲静，骨力欲动[①]；胸怀欲开，筋骸欲硬；脊梁欲直，肠胃欲净；舌端欲卷，脚跟欲定；耳目欲清，精魂欲正。

【注释】

①骨力：体力。

多静坐以收心，寡酒色以清心，去嗜欲以养心，玩古训以警心[①]，悟至理以明心。

【注释】

①玩：把玩，此处指细心领悟、体会。

宠辱不惊，肝木自宁；动静以敬，心火自定；饮食有节，脾土不泄；调息寡言，肺金自全；恬淡寡欲，肾水自足。

道生于安静，德生于卑退；福生于清俭，命生于和畅。

天地不可一日无和气，人心不可一日无喜神。

拙字可以寡过，缓字可以免悔，退字可以远祸，苟字可以养福，静字可以益寿。

毋以妄心戕真心，勿以客气伤元气。

拂意处要遣得过[①]，清苦日要守得过，非理来要受得过，忿怒时要耐得过，嗜欲生要忍得过。

【注释】

①遣：排遣。

言语知节，则愆尤少；举动知节，则悔吝少；爱慕知节，则营求少；欢乐知节，则祸败少；饮食知节，则疾病少。

人知言语足以彰德，而不知慎言语乃所以养德；人知饮食足以益身，而不知节饮食乃所以养身。

闹时炼心，静时养心，坐时守心，行时验心，言时省心，动时制心。

荣枯倚伏[①]，寸田自开惠逆[②]，何须历问塞翁[③]？修短参差[④]，四体自造彭殇[⑤]，似难专咎司命[⑥]！

【注释】

①荣枯倚伏：人世盛衰相互依存，一盛一衰。

②寸田：内心。

③塞翁：语出《淮南子》："塞翁失马，焉知非福。"

④修短：长短。

⑤彭殇：彭即彭祖，传说中的长寿者；殇，夭折，未成年而死。

⑥司命：中国古代传说掌管人命运的神。

节欲以驱二竖[①]，修身以屈三彭[②]，安贫以听五鬼[③]，息机以弭六贼[④]。

【注释】

①二竖：疾病。语出《左传·成公十年》："公梦疾为二竖子，曰：'彼良医也，惧伤我，焉逃之？'其一曰：'居肓之上，膏之下，若我何？'医至，曰：'疾不可为也，在肓之上，膏之下，攻之不可，达之不及，药不至焉，不可为也。'"

②三彭：即三尸，道教认为人身体中存在三尸之神，三尸姓彭，故称三彭。

③五鬼：指智穷、学穷、文穷、命穷、交穷五个穷鬼。

④息机：停息心机，不要算计。六贼：佛教用语，指色、声、香、味、触、法六尘，此六个方面导致人产生各种欲望、烦恼，故称六贼。

衰后罪孽，都是盛时作的；老来疾病，都是壮年招的。

败德之事非一，而酗酒者德必败；伤生之事非一，而好色者生必伤。

木有根则荣，根坏则枯。鱼有水则活，水涸则死。灯有膏则明[①]，膏尽则灭。人有真精，保之则寿，戕之则夭[②]。

【注释】

①膏：用来点灯的油脂。

②戕：伤害。

本类简评

本篇称“摄生”，指善于养护生命，与养生意思相近。曹魏时嵇康曾写过“摄生论”，摄生就是养生。本篇的养生观，是中国古代中医思想和儒家修身思想相结合的产物，“养心”与“养身”并重，身心健康同等重要，这一点到了今天也具有一定的指导意义。当然，由于时代知识的局限，古人对于生病的原因并不能准确地揭示出来，所以一些养生的方法不能照搬，我们在阅读时必须加以注意。

敦品类

欲做精金美玉的人品，定从烈火中锻来。思立揭地掀天的事功，须向薄冰上履过。

人以品为重，若有一点卑污之心①，便非顶天立地汉子。品以行为主，若有一件愧怍之事②，即非泰山北斗品格③。

【注释】

①卑污：卑劣肮脏。

②愧怍（zuò）：惭愧，羞愧。

③泰山：五岳之首。北斗：即北斗七星，《史记·天官书》说："北斗七星，所谓'旋、玑、玉衡、以齐七政'。……斗为帝车，运于中央，临制四乡。分阴阳，建四时，均五行，移节度，定诸纪，皆系于斗。"北斗在古人心目中具有特别高的地位。泰山北斗并称，用来形容一个人品

行高洁，令人敬仰。

人争求荣乎，就其求之之时，已极人间之辱；人争恃宠乎，就其恃之之时，已极人间之贱。

丈夫之高华[①]，只在于功名气节[②]；鄙夫之炫耀，但求诸服饰起居。

【注释】

①高华：高贵品质，磊落风华。

②功名：功业名望。

阿谀取容[①]，男子耻为妾妇之道；本真不凿[②]，大人不失赤子之心[③]。

【注释】

①阿谀：用言语奉承别人。取容：讨好。《汉书·张释之传》："以不能取容当世，故终身不仕。"

②本真：人的本来面目。凿：矫揉造作。

③赤子：婴儿，常用来形容一个人纯洁善良。

君子之事上也，必忠以敬[①]；其接下也，必谦以和。小人之事上也，必谄以媚；其待下也，必傲以忽[②]。

【注释】

①以：而，连词，表示并列关系。

②忽：轻蔑，轻慢。

立朝不是好舍人[①]，自居家不是好处士[②]；平素不是好处士[③]，由小时不是好学生。

【注释】

①舍人：官职名称，这里指官员。

②处士：指没有出仕的品格高洁的读书人。

③平素：平常时候，向来。

做秀才如处子，要怕人；既入仕如媳妇，要养人；归林下如阿婆[①]，要教人。

【注释】

①林下：幽静之地，指一个人放弃官职，退隐山林田野。

贫贱时，眼中不著富贵，他日得志必不骄；富贵时，意中不忘贫贱，一旦退休必不怨。

贵人之前莫言贱，彼将谓我求其荐；富人之前莫言贫，彼将谓我求其怜。

小人专望人恩，恩过辄忘；君子不轻受人恩，受则必报。

处众以和，贵有强毅不可夺之力；持己以正，贵有圆通不可拘之权[①]。

【注释】

①权：权变。

使人有面前之誉，不若使人无背后之毁；使人有乍处之欢[1]，不若使人无久处之厌。

【注释】

①乍处：刚开始相处。

媚若九尾狐[1]，巧如百舌鸟，哀哉羞此七尺之躯。暴同三足虎，毒比两头蛇，惜乎坏尔方寸之地[2]。

【注释】

①九尾狐：古代传说中的奇兽，在汉代曾被视为祥瑞。六朝以后将之与妲己联系起来，慢慢演化为妖媚的象征。

②方寸之地：内心，心地。

到处伛偻[1]，笑伊首何仇于天[2]？何亲于地？终朝筹算，问尔心何轻于命？何重于财？

【注释】

①伛偻：腰背弯曲，这里指点头哈腰，卑躬屈膝。

②伊：他。首：头。

富儿因求宦倾赀[1]，污吏以黩货失职[2]。

【注释】

①倾赀（zī）：倾家荡产。

②黩货：贪财，贪污受贿。

亲兄弟析箸[1]，璧合翻作瓜分。士大夫爱钱，书香化为铜臭。

【注释】

①析箸：分家。箸，筷子。

士大夫当为子孙造福，不当为子孙求福。谨家规，崇俭朴，教耕读，积阴德，此造福也。广田宅，结姻援，争什一[①]，鬻功名[②]，此求福也。造福者，淡而长；求福者，浓而短。

【注释】

①什一：古代一种税制，十分税一，这里代指收租赋。

②鬻：卖。

士大夫当为此生惜名，不当为此生市名。敦诗书，尚气节，慎取与，谨威仪，此惜名也。竞标榜，邀权费，务矫激，习模棱，此市名也。惜名者，静而休；市名者，躁而拙。

士大夫当为一家用财，不当为一家伤财。济宗党，广束脩[①]，救荒歉，助义举，此用财也。靡苑囿[②]，教歌舞，奢燕会[③]，聚宝玩，此伤财也。用财者，损而盈；伤财者，满而覆。

【注释】

①束脩（xiū）：干肉。语出《论语·述而》："自行束修以上，吾未尝无诲焉。"这里泛指教育费用。

②靡：奢靡。苑囿：园林。

③燕会：宴饮聚会。

士大夫当为天下养身，不当为天下惜身。省嗜欲，减思虑，戒忿怒，节饮食，此养身也。规利害[①]，避劳怨，营窟宅，守妻子，此惜身也。养身者，啬而大[②]；惜身者，丰而细。

【注释】

①规：谋划，思虑。

②啬而大：啬，吝啬。这里指养身节欲的人，显得小气而实际上人品高尚。

本类简评

所谓敦品，顾名思义，就是要养成高尚的人品。敦，既有诚恳之意，亦有勉励、努力之意。其实，高尚品格的养成，不正是要诚恳地去践行人类社会的一切美德吗？但人品的养成，又绝非朝夕之功，需要付出漫长而艰辛的努力。它需要将外在的各种准则内化为个人举手投足间的从容自然，而不给人以丝毫矫揉造作之感。本篇格言多以对比的方式，将君子与小人的差别鲜明地展现给我们，高下立判，言之谆谆，令人过目难忘。《礼记·曲礼》说："博闻强识而让，敦善行而不怠，谓之君子。"可见，君子从来不是停留在纸面，也绝非口诵几句圣人之言，关键是要勉力去做。坐而论道、光说不做，都不是真君子。我们不光要志存高远，更要身体力行。"敦品"之意尽在此中！

处事类

处难处之事愈宜宽[①]，处难处之人愈宜厚，处至急之事愈宜缓，处至大之事愈宜平[②]，处疑难之际愈宜无意[③]。

【注释】

①愈：更加。

②平：平和，平稳。

③无意：没有倾向，不存成见。

无事时，常照管此心，兢兢然若有事[①]；有事时，却放下此心，坦坦然若无事。

无事如有事，提防才可弭意外之变[②]；有事如无事，镇定方可消局中之危。

【注释】

①兢兢：小心谨慎。

②弭：消除。

当平常之日，应小事宜以应大事之心应之。盖天理无小，即目前观之，便有一个邪正，不可忽慢苟简[1]，须审理之邪正以应之方可。

及变故之来，处大事宜以处小事之心处之。盖人事虽大，自天理观之，只有一个是非，不可惊惶失措，但凭理之是非以处之便得。

【注释】

①苟简：苟且简略，草率简陋。

缓事宜急干，敏则有功；急事宜缓办，忙则多错。

不自反者[1]，看不出一身病痛；不耐烦者，做不成一件事业。

【注释】

①自反：反省自身。

日日行，不怕千万里；常常做，不怕千万事。

必有容，德乃大；必有忍，事乃济。

过去事，丢得一节是一节；现在事，了得一节是一节；未来事，省得一节是一节。

强不知以为知，此乃大愚；本无事而生事，是谓薄福。

居处必先精勤，乃能闲暇；凡事务求停妥[①]，然后逍遥。

【注释】

①停妥：停当，妥帖，恰到好处。

天下最有受用，是一闲字，然闲字要从勤中得来；天下最讨便宜，是一勤字，然勤字要从闲中做出。

自己做事，切须不可迂滞[①]，不可反复，不可琐碎；代人做事，极要耐得迂滞，耐得反复，耐得琐碎。

【注释】

①迂滞：曲折，麻烦。

谋人事如己事，而后虑之也审[①]；谋己事如人事，而后见之也明。

【注释】

①审：详细，周密，谨慎。

无心者公，无我者明。

置其身于是非之外，而后可以折是非之中；置其身于利害之外，而后可以观利害之变。

任事者，当置身利害之外；建言者，当设身利害之中。

无事时，戒一偷字[①]；有事时，戒一乱字。

【注释】

①偷：偷懒，偷闲。

将事而能弭[①]，遇事而能救，既事而能挽，此之谓达权[②]，此之谓才；未事而知来，始事而要终，定事而知变，此之谓长虑，此之谓识。

【注释】

①将事：尚未发生、即将发生的事情。

②达权：通达权变。

提得起，放得下，算得到；做得完，看得破，撇得开。

救已败之事者，如驭临崖之马，休轻策一鞭[①]；图垂成之功者[②]，如挽上滩之舟，莫少停一棹[③]。

【注释】

①策：用鞭打。

②垂成：将要成功。

③棹（zhào）：划船的工具。

以真实肝胆待人，事虽未必成功，日后人必见我之肝胆；以诈伪心肠处事，人即一时受惑，日后人必见我之心肠。

天下无不可化之人，但恐诚心未至；天下无不可为之事，只怕立志不坚。

处人不可任己意，要悉人之情；处事不可任己见，要悉事之理。

见事贵乎明理，处事贵乎心公。

于天理汲汲者[①]，于人欲必淡；于私事耽耽者[②]，于公务必疏；于虚文熠熠者[③]，于本实必薄。

【注释】

①汲汲：勤勉无休止地追求。

②耽耽：专注的样子。

②熠熠：鲜亮，显眼。

君子当事，则小人皆为君子，至此不为君子，真小人也。小人当事，则中人皆为小人，至此不为小人，真君子也。

居官先厚民风，处事先求大体。

论人当节取其长，曲谅其短[①]；做事必先审其害，后计其利。

【注释】

①曲谅：掩饰谅解。

小人处事，于利合者为利，于利背者为害；君子处事，于义合者为利，于义背者为害。

只人情世故熟了，甚么大事做不到？只天理人心合了，甚么好事做不成？只一事不留心，便有一事不得其理；只一物不留心，便有一物不得其所。

事到手，且莫急，便要缓缓想；想到时，切莫缓，便要急急行。

事有机缘，不先不后，刚刚凑巧；命若蹭蹬[①]，走来走去，步步踏空。

【注释】

①蹭蹬：坎坷困顿，艰难险阻。

本类简评

本篇名为“处事”，主要讲述人们在面临各种事务时应有之态度和应对方式。生活中，许多人常常会感慨做事容易做人难，其实，人在事中，事在人为，人与事无法分开。本篇选取的格言都是在告诫提醒我们如何去面对各种问题，应当采取哪些方式去处理这些问题。俗语所说的“为人处世”，就是本篇的主题。生活中的我们，几乎每天都会遇到各种各样的事务，遇到各种情形，既有事关大局的大事、要事，也有关乎个人疼痒的琐事、小事，事无论大小，都要我们认真地去面对。所以，本篇最重要的核心之意，就是强调临事不乱，始终保持内心的镇定、平和，以正直、诚实之心对人对事，既不急于求成，又不懈怠粗心，做到有始有终，循序渐进。本篇许多格言，堪为座右铭，常读常新，是我们生活中非常重要的给养！

接物类

事属暧昧[①]，要思回护他，著不得一点攻讦的念头；人属寒微，要思矜礼他[②]，著不得一毫傲睨的气象[③]。

【注释】

①暧昧：隐私，不便公之于众之事。

②矜礼：以礼相待。

③傲睨：不正眼看，傲慢瞧不起。罗隐《送宣武徐巡官》诗："傲睨公卿二十年，东来西去只悠然。"

凡一事而关人终身，纵确见实闻，不可著口；凡一语而伤我长厚[①]，虽闲谈酒谑[②]，慎勿形言。

【注释】

①长厚：恭谨宽厚的品质。司马相如《喻巴蜀檄》："寡廉鲜耻，而

俗不长厚也。”

②谑：玩笑。

严著此心以拒外诱，须如一团烈火，遇物即烧；宽著此心以待同群，须如一片阳春，无人不暖。

待己当从无过中求有过，非独进德，亦且免患；待人当于有过中求无过，非但存厚，亦且解怨。

事后而议人得失，吹毛索垢，不肯丝毫放宽，试思己当其局，未必能效彼万一；旁观而论人短长，抉隐摘微[①]，不留些须余地，试思己受其毁，未必能安意顺承[②]。

【注释】

①抉隐摘微：对细微、隐秘、不严重的事情吹毛求疵。

②顺承：顺从承受。《周易》：“彖曰：至哉坤元，万物资生，乃顺承天。”

遇事只一味镇定从容，虽纷若乱丝，终当就绪；待人无半毫矫伪欺诈，纵狡如山鬼，亦自献诚。

公生明，诚生明，从容生明。

人好刚，我以柔胜之；人用术，我以诚感之；人使气[①]，我以理屈之。

【注释】

①使气：恣逞意气。《宋书·刘瑀传》："明年，迁御史中丞。瑀使气尚人，为宪司甚得志。"

柔能制刚，遇赤子而贲育失其勇[①]；讷能屈辩，逢喑者而仪秦拙于词[②]。

【注释】

①赤子：刚出生的婴儿。贲育：战国时勇士孟贲和夏育的并称。《汉书·司马相如传》："臣闻物有同类而殊能者，故力称乌获，捷言庆忌，勇期贲育。"颜师古注："孟贲，古之勇士也，水行不避蛟龙，陆行不避豺狼，发怒吐气，声响动天。夏育，亦猛士也。"

②喑（yīn）者：不能说话的人。仪秦：战国时纵横家张仪与苏秦的并称，二人皆能言善辩。扬雄《法言·渊骞》："乱而不解，子贡耻之；说而不富贵，仪秦耻之。"

困天下之智者，不在智而在愚；穷天下之辩者，不在辩而在讷；伏天下之勇者，不在勇而在怯。

以耐事[①]了天下之多事，以无心息天下之争心。

【注释】

①耐事：以忍让处事，善于隐忍。宋吴曾《能改斋漫录·事始二》："唐娄师德，其弟守代州，辞之官，教之耐事。弟曰：'人有唾面者，洁之乃已。'师德曰：'未也，洁之是违其怒，正使其自干耳。'"

何以息谤？曰无辩。何以止怨？曰不争。

人之谤我也，与其能辩，不如能容；人之侮我也，与其能防，不如能化[1]。

【注释】

①化：感化，化解。

是非窝里，人用口，我用耳；热闹场中，人向前，我落后。

观世间极恶事，则一咎一慝[1]，尽可优容；念古来极冤人，则一毁一辱，何须计较。

【注释】

①咎：过错。慝：奸邪，邪恶。

彼之理是，我之理非，我让之；彼之理非，我之理是，我容之。

能容小人是大人，能培薄德是厚德。

我不识何等为君子，但看每事肯吃亏的便是；我不识何等为小人，但看每事好便宜的便是。

律身惟廉为宜，处世以退为尚[1]。

【注释】

①尚：崇尚，推崇。

以仁义存心，以勤俭作家，以忍让接物。

径路窄处，留一步与人行；滋味浓底，减三分让人尝。

任难任之事，要有力而无气；处难处之人，要有知而无言。

穷寇不可追也，遁辞不可攻也[1]，贫民不可威也。

【注释】

①遁辞：指理屈词穷或不愿吐露真意时，用来支吾搪塞的话。《孟子·公孙丑上》："邪辞知其所离，遁辞知其所穷。"攻：指责，深究。

祸莫大于不仇人，而有仇人之辞色；耻莫大于不恩人[1]，而作恩人之状态。

【注释】

①恩：此处作动词使用，施恩。

恩怕先益后损，威怕先松后紧。

善用威者不轻怒，善用恩者不妄施。

宽厚者，毋使人有所恃；精明者，不使人有所容[1]。

【注释】

①容：隐藏，隐瞒。

事有知其当变而不得不因者[1]，善救之而已矣；人有知其当退而不得不用者，善驭之而已矣。

【注释】

①因：依从。

轻信轻发，听言之大戒也；愈激愈厉[①]，责善之大戒也。

【注释】

①厉：严格，严厉。

处事须留余地，责善切戒尽言。

施在我有余之惠，则可以广德；留在人不尽之情，则可以全交[①]。

【注释】

①全交：保全、维护友谊与交情。《礼记·曲礼上》："君子不尽人之欢，不竭人之忠，以全交也。"

古人爱人之意多，故人易于改过，而视我也常亲，我之教益易行；今人恶人之意多，故人甘于自弃，而视我也常仇，我之言必不入。

喜闻人过，不若喜闻己过；乐道己善，何如乐道人善。

听其言必观其行，是取人之道；师其言不问其行，是取善之方。

论人之非，当原其心[①]，不可徒泥其迹[②]；取人之善，当据其迹[3]，不必深究其心。

【注释】

①原：推求。

②泥：拘泥。

②迹：行迹，实际言行。

小人亦有好处，不可恶其人并没其是；君子亦有过差，不可好其人并饰其非。

小人固当远，然断不可显为仇敌；君子固当亲，然亦不可曲为附和。

待小人宜宽，防小人宜严。

闻恶不可遽怒[1]，恐为谗夫泄忿；闻善不可就亲，恐引奸人进身。

【注释】

①遽：匆忙，马上。

先去私心，而后可以治公事；先平己见，而后可以听人言。

修己以清心为要，涉世以慎言为先。

恶莫大于纵己之欲，祸莫大于言人之非。

人生惟酒色机关[①]，须百炼此身成铁汉；世上有是非门户，要三缄其口学金人[②]。

【注释】

①机关：陷阱。

②金人：典出刘向《说苑·敬慎篇》："孔子之周，观于太庙。左陛之前，有金人焉。三缄其口，而名其背曰。"云云。故事意在告诫人们慎言。

工于论人者，察己常阔疏[①]；狃于讦直者[②]，发言多弊病。

【注释】

①阔疏：粗疏，不严密。

②狃（niǔ）：习惯，习以为常。讦直：亢直敢言，无所避忌。语出《论语·阳货》："恶讦以为直者。"

人情每见一人，始以为可亲，久而厌生，又以为可恶，非明于理而复体之以情，未有不割席者[①]；人情每处一境，始以为甚乐，久而厌生，又以为甚苦，非平其心而复济之以养，未有不思迁者。

【注释】

①割席：古人席地而坐，割开席子，指朋友之间断交。典出刘义庆《世说新语·德行》："管宁、华歆……又尝同席读书，有乘轩冕过门者，宁读如故，歆废书出看。宁割席分坐曰：'子非吾友也。'"

观富贵人，当观其气概，如温厚和平者，则其荣必久，而其后必昌；观贫贱人，当观其度量，如宽宏坦荡者，则其福必臻[①]，而其家必裕。

【注释】

①臻：到。

宽厚之人，吾师以养量；缜密之人，吾师以炼识；慈惠之人，吾师以御下；俭约之人，吾师以居家；明通之人，吾师以生慧；质朴之人，吾师以藏拙；才智之人，吾师以应变；缄默之人，吾师以存神；谦恭善下之人，吾师以亲师友；博学强识之人，吾师以广见闻。

居视其所亲[①]，富视其所与，达视其所举[②]，穷视其所不为，贫视其所不取。

【注释】

①居：平时。

②举：举荐，推荐。

取人之直，恕其戆[①]；取人之朴，恕其愚；取人之介[②]，恕其隘[③]；取人之敬，恕其疏；取人之辩，恕其肆；取人之信，恕其拘[④]。

【注释】

①戆：鲁莽，刚直。

②介：形容人耿介，有骨气。

③隘：狭隘。

④拘：拘泥，拘谨。

遇刚鲠人[①]，须耐他戾气；遇骏逸人，须耐他妄气；遇朴厚人，须耐他滞气；遇佻达人[②]，须耐他浮气。

【注释】

①刚鲠：刚强正直。

②佻（tiāo）达：轻薄放荡，轻浮，轻佻。刘元卿《贤奕编·闲钞下》："今富贵家佻达子弟，乃有以纻丝绫缎为裤者，其暴殄过分，亦已甚矣。"

人褊急[①]，我受之以宽宏；人险仄[②]，我平之以坦荡。

【注释】

①褊急：气量狭小，性情急躁。《诗·魏风·葛屦序》："魏地陿隘，其民机巧趋利，其君俭啬褊急。"孔颖达疏："褊急，言性躁。"

②险仄：奸邪阴险。

奸人诈而好名，他行事有确似君子处；迂人执而不化[①]，其决裂有甚于小人时。

【注释】

①执而不化：固执己见，不知变通。《庄子·人世间》："将执而不化，外合而内不訾，其庸讵可乎？"

持身不可太皎洁，一切污辱垢秽，要茹纳得[①]；处世不可太分明，一切贤愚好丑，要包容得。

【注释】

①茹纳：容纳，包容，容忍。

宇宙之大，何物不有？使择物而取之，安得别立宇宙，置此所舍之物？人心之广，何人不容？使择人而好之，安有别个人心，复容所恶之人？

德盛者，其心和平，见人皆可取，故口中所许可者多；德薄者，其心刻傲，见人皆可憎，故目中所鄙弃者众。

律己宜带秋气[①]，处世须带春风。

【注释】

①秋气：秋日凄清、肃杀之气。唐卢纶《逢病军人》："蓬鬓哀吟古城下，不堪秋气入金疮。"此处指严于律己。

善处身者，必善处世，不善处世，贼身者也；善处世者，必严修身，不严修身，媚世者也。

爱人而人不爱，敬人而人不敬，君子必自反也；爱人而人即爱，敬人而人即敬，君子益加谨也。

人若近贤良，譬如纸一张，以纸包兰麝[①]，因香而得香；人若近邪友，譬如一枝柳，以柳贯鱼鳖，因臭而得臭。

【注释】

①兰麝：指名贵的香料。《晋书·石崇传》："崇尽出其婢妾数十人以示之，皆蕴兰麝，被罗縠。"

人未己知，不可急求其知；人未己合，不可急与之合。

落落者难合[1]，一合便不可离；欣欣者易亲，乍亲忽然成怒。

【注释】

①落落：孤独，不合群。李纲《辞免尚书右仆射第一表》：“志广材疏，自笑落落而难合。”

能媚我者，必能害我，宜加意防之；肯规予者[1]，必肯助予，宜倾心听之。

【注释】

①规：规劝。

出一个大伤元气进士，不如出一个能积阴德平民；交一个读破万卷邪士，不如交一个不识一字端人[1]。

【注释】

①端人：品行端正之人。《孟子·离娄下》：“夫尹公之他，端人也，其取友必端矣。”赵岐注：“端人，用心不邪僻。”

无事时，埋藏著许多小人；多事时，识破了许多君子。

一种人难悦亦难事，只是度量褊狭，不失为君子；一种人易事亦易悦，这是贪污软弱，不免为小人。

大恶多从柔处伏，慎防绵里之针；深仇常自爱中来，宜防刀头之蜜。

惠我者小恩，携我为善者大恩；害我者小仇，引我为不善者大仇。

毋受小人私恩，受则恩不可酬[1]；毋犯士夫公怒[2]，犯则怒不可救。

【注释】

①酬：酬谢，回报。

②士夫：士大夫，读书人。王符《潜夫论·交际》：“夫处卑下之位，怀《北门》之殷忧，内见谪于妻子，外蒙讥于士夫。”汪继培笺：“士夫，谓士大夫。”

喜时说尽知心，到失欢须防发泄[1]；恼时说尽伤心，恐再好自觉羞惭。

【注释】

①失欢：失去他人欢心，失和。《旧五代史》：“因责延广曰：‘致南北失欢，良由尔也。’”

盛喜中勿许人物，盛怒中勿答人言。

顽石之中，良玉隐焉；寒灰之中，星火寓焉。

静坐常思己过，闲谈莫论人非。

对痴人莫说梦话，防所误也；见短人莫说矮话，避所忌也。

面谀之词[①]，有识者未必悦心；背后之议，受憾者常至刻骨[②]。

【注释】

①面谀：当面恭维。《孟子·告子下》："与谗谄面谀之人居，国欲治，可得乎？"

②憾：恨，此处指被议论的对象。

攻人之恶毋太严，要思其堪受；教人以善毋过高，当使其可从。

互乡童子则进之[①]，开其善也；阙党童子则抑之，勉其学也[②]。

【注释】

①互乡：春秋时期鲁国境内有名的民风恶俗之地，后泛指风俗不良之地。《论语述而》："互乡难与言，童子见，门人惑。"子曰："与其进也，不与其退也，唯何甚！人洁己以进，与其洁也，不保其往也。"

②阙党：孔子所居之地，指风俗淳朴之地。《论语·宪问》："阙党童子将命。"刘宝楠《正义》："阙党是孔子所居。"

不可无不可，一世之识；不可有不可，一人之心。

事有急之不白者，缓之或自明，毋急躁以速其戾；人有操之不从者[①]，纵之或自化[②]，毋操切以益其顽。

【注释】

①操：操纵，强迫。

②化：开解。

遇矜才者，毋以才相矜，但以愚敌其才，便可压倒；遇炫奇者，毋以奇相炫，但以常敌其奇，便可破除。

直道事人，虚衷御物[①]。

【注释】

①虚衷：心胸开阔，心无成见。

岂能尽如人意，但求不愧我心。

不近人情，举足尽是危机；不体物情，一生俱成梦境。

己性不可任，当用逆法制之，其道在一忍字；人性不可拂，当用顺法调之，其道在一恕字。

仇莫深于不体人之私，而又苦之；祸莫大于不讳人之短[①]，而又讦之。

【注释】

①讳：避讳，避忌。

辱人以不堪必反辱，伤人以已甚[①]必反伤。

【注释】

①已甚：过分。

处富贵之时，要知贫贱的痛痒；值少壮之日，须念衰老的辛酸；入安乐之场，当体患难人景况；居旁观之地，务悉局内人苦心[①]。

【注释】

①局内人：当事者。

临事须替别人想，论人先将自己想。

欲胜人者先自胜，欲论人者先自论，欲知人者先自知。

待人三自反[①]，处世两如何。

【注释】

①自反：反省自身，反求诸己。

待富贵人，不难有礼而难有体[①]；待贫贱人，不难有恩而难有礼。

【注释】

①体：得体，不卑不亢。

对愁人勿乐，对哭人勿笑，对失意人勿矜[①]。

【注释】

①矜：骄矜，自大，自夸。

见人背语[①]，勿倾耳窃听；入人私室，勿侧目旁观；到人案头，勿信手乱翻。

【注释】

①背语：指隐秘地说话。

不蹈无人之室[1]，不入有事之门，不处藏物之所。

【注释】

①蹈：进入，踏入。

俗语近于市，纤语近于娼[1]，诨语近于优[2]。

【注释】

①纤语：挑逗、轻薄的语言。

②优：优伶，演戏的人。

闻君子议论，如啜苦茗[1]，森严之后，甘芳溢颊；闻小人谄笑，如嚼糖霜，爽美之后，寒冱凝胸[2]。

【注释】

①茗：茶。

②冱（hù）：冻结。

凡为外所胜者，皆内不足；凡为邪所夺者，皆正不足。

存乎天者[1]，于我无与也[2]，穷通得丧，吾听之而已；存乎我者，于人无与也，毁誉是非，吾置之而已。

【注释】

①存：决定。

②与：干涉，参与。

小人乐闻君子之过，君子耻闻小人之恶。

慕人善者，勿问其所以善，恐拟议之念生，而效法之念微矣；济人穷者，勿问其所以穷，恐憎恶之心生，而恻隐之心泯矣。

时穷势蹙之人[1]，当原其初心；功成名立之士，当观其末路。

【注释】

①蹙：紧迫，狼狈。

踪多历乱[1]，定有必不得已之私；言到支离[2]，才是无可奈何之处。

【注释】

①踪多历乱：有复杂坎坷的经历。

②支离：说话含混不清，支支吾吾，吞吞吐吐。《梁书·吴均传》："先是，均表求撰《齐春秋》，书成奏之。高祖以其书不实，使中书舍人刘之遴诘问数条，竟支离无对。敕付省焚之。"

惠不在大，在乎当厄；怨不在多，在乎伤心。

毋以小嫌疏至戚[1]，毋以新怨忘旧恩。

【注释】

①至戚：最亲近的亲属。

两惠无不释之怨，两求无不合之交，两怒无不成之祸。

古之名望相近[①]则相得，今之名望相近则相妒。

【注释】

①名望：声望威信。

本类简评

“处事”重点讲做事时的态度、原则和方法，本篇讲“接物”，再重点在讲如何与他人相处，如何做人。司马迁在《报任安书》中写道：“教以慎于接物，推贤士为务。”接物，就是如何对待他人，如何与别人相处。“世事洞明皆学问，人情练达即文章。”待人接物，人情世故，是每个人在现实生活中无法回避的问题。本章即旨在教导人们如何为人处世、待人接物。首先，在与人交往的过程中，君子应当谨言慎行，切勿道人短长，谨记祸从口出。其次，在待人接物中，人与人之间难免会产生争执，龃龉之事常常出现。面对分歧，一味地强硬以对，往往会导致两败俱伤，本篇许多格言都在劝谏我们，应以柔克刚，多退让，多反省自我。所谓“面对强硬，则以柔克之；面对使气，则以理服之；面对诽谤，则以静弭之；面对小人，则以德容之”。总之，接物就是要培养一个人宽厚、包容的品格。君子对自己严格要求，时时砥砺自身之品格，才能取得更大的成就，也能够使人信服。除此之外，本章还指出了许多为人处事中应当遵守的原则：遇事应镇定从容，吃亏是福，处事须为己、为人留有余地，虚心好学，己所不欲勿施于人，等等。为人处事的确是一门博大精深的学问，我们即使穷尽一生也可能无法做到尽善尽美，但只要做到万事反诸心、求诸己，只要做到无愧于心，便是做到了忠恕，也就可以称得上君子。身处今日，当然不可能完全按照本篇的格言去待人接物。世殊事异，没有永远的准则，但却有永远的努力！怀着敬意与宽容，与他人和睦相处，从容生活，是所有时代人们的永恒追求！

齐家类

勤俭，治家之本。和顺，齐家之本①。谨慎，保家之本。诗书，起家之本②。忠孝，传家之本。

【注释】

①齐家：即整顿、协调家庭成员之间的关系，使得家族和睦划一，故称“齐家”。

②起家：家族兴旺。

天下无不是底父母，世间最难得者兄弟。

以父母之心为心，天下无不友之兄弟；以祖宗之心为心，天下无不知之族人；以天地之心为心，天下不无爱之民物。

人君以天地之心为心，人子以父母之心为心，天下无不一之心矣；臣工以朝廷之事为事，奴仆以家主之事为事，天下无不一之事矣。

孝莫辞劳，转眼便为人父母；善毋望报，回头但看尔儿孙。

子之孝，不如率妇以为孝，妇能养亲者也。公姑得一孝妇，胜如得一孝子[①]。

妇之孝，不如导孙以为孝，孙能娱亲者也。祖父得一孝孙，又增一辈孝子。

【注释】

①胜如：胜过。

父母所欲为者，我继述之[①]；父母所重念者，我亲厚之。

【注释】

①继述：继承，遵循。

婚而论财，究也夫妇之道丧。葬而求福[①]，究也父子之恩绝。

【注释】

①福：保佑，这里指风水好的墓地。

君子有终身之丧，忌日是也；君子有百世之养，邱墓是也[①]。

【注释】

①邱墓：坟墓。

兄弟一块肉，妇人是刀锥；兄弟一釜羹[①]，妇人是盐梅。

【注释】

①釜：锅。

兄弟和，其中自乐；子孙贤，此外何求。

心术不可得罪于天地，言行要留好样与儿孙。

现在之福，积自祖宗者，不可不惜；将来之福，贻于子孙者，不可不培。现在之福如点灯，随点则随竭；将来之福如添油，愈添则愈明。

问祖宗之泽，吾享者是，当念积累之难；问子孙之福，吾贻者是，要思倾覆之易。

要知前世因，今生受者是，吾谓昨日以前，尔祖尔父，皆前世也。要知后世因，今生作者是，吾谓今日以后，尔子尔孙，皆后世也。

祖宗富贵，自诗书中来，子孙享富贵，则弃诗书矣。祖宗家业，自勤俭中来，子孙享家业，则忘勤俭矣。

近处不能感动，未有能及远者。小处不能调理，未有能治大者。亲者不能联属[①]，未有能格疏者。一家生理不能全备[②]，未有能安养百姓者。一家子弟不率规矩，未有能教诲他人者。

【注释】

①联属：关系亲近。

②生理：生计。

至乐无如读书，至要莫如教子。

子弟有才，制其爱，毋弛其诲，故不以骄败；子弟不肖，严其诲，毋薄其爱，故不以怨离。

雨泽过润，万物之灾也；恩宠过礼，臣妾之灾也；情爱过义，子孙之灾也。

安详恭敬，是教小儿第一法；公正严明，是做家长第一法。

人一心先无主宰，如何整理得一身正当？人一身先无规矩，如何调剂得一家肃穆？

融得性情上偏私，便是大学问；消得家庭中嫌隙，便是大经纶[①]。

【注释】

①经纶：才学，本领。

遇朋友交游之失，宜剀切[①]，不宜游移[②]；处家庭骨肉之变，宜委曲，不宜激烈。

【注释】

①剀（kǎi）切：诚恳，恳切，符合事理。

②游移：犹豫不定。

未有和气萃焉[1]，而家不吉昌者；未有戾气结焉，而家不衰败者。

【注释】

①萃：集聚。

闺门之内不出戏言，则刑于之化行矣[1]；房帏之中[2]不闻戏笑，则相敬之风著矣。

【注释】

①刑于之化：刑通“型”，模范，楷模，形容夫妇和睦。语出《诗经·雅·思齐》：“刑于寡妻，至于兄弟，以御于家邦。”

②房帏：指夫妻间的情爱。

人之于嫡室也，宜防其蔽子之过；人之于继室也，宜防其诬子之过。

仆虽能[1]，不可使与内事；妻虽贤，不可使与外事。

【注释】

①虽：即使。

奴仆得罪于我者尚可恕，得罪于人者不可恕；子孙得罪于人者尚可恕，得罪于天者不可恕。

奴之不祥，莫大于传主人之谤语；主之不祥，莫大于行仆婢之谮言[1]。

【注释】

①谮：诬陷。

治家严，家乃和；居乡恕，乡乃睦。治家忌宽，而尤忌严；居家忌奢，而尤忌啬。

无正经人交接，其人必是奸邪；无穷亲友往来，其家必然势利。

日光照天，群物皆作，人灵于物，寐而不觉，是谓天起人不起，必为天神所谴，如君上临朝，臣下高卧失误，不免罚责。

夜漏三更，群物皆息，人灵于物，烟酒沉溺，是谓地眠人不眠，必为地祈所呵，如家主欲睡，仆婢喧闹不休，定遭鞭笞。

楼下不宜供神，虑楼上之亵秽[1]；屋后必须开户，防屋前之火灾。

【注释】

①亵：亵渎，玷污。

本类简评

“治国必先齐家”，齐家就是保持家庭的和顺。家庭是社会最基本的细胞，也是每个人生活的场所，注重家庭是中国文化的重要基因。在儒家看来，齐家是一个人道德的体现，一个人能力的体现，一个人责任的体现，一个人理想与情怀的体现。因此，“家齐”是一个人走向社会、报效国家的基本要求。家庭其实就是一个小社会，同样有待人接物，同样会面对许多问题。本篇所选取的格言以通俗易懂、贴近生活的方式，为我们展现了如何“齐家”。通读全篇，我们可以领悟到齐家的几个关键词：第一，勤俭，勤俭是治家之本。第二，和顺，和顺是“齐家”的要义。要做到和顺，必须处理好家庭成员之间的关系，包括父母、兄弟、夫妻、婆媳、仆婢等。做到和谐相处，最重要的就是恪守个人的责任，恪守基本的伦理道德。第三，家风，诗书、忠孝传家是本篇格言中多处强调的，可见齐家必须要培养良好的家风，家教是根本。除了上述几个关键词之外，还有许多切实可行的实际要求，如早起、早睡、防火等。总之，家庭是社会和谐的基础，齐家仍然是我们今天所面对的重要社会问题，也许本篇能为我们提供有益的思考！

从政类

眼前百姓即儿孙，莫谓百姓可欺，且留下儿孙地步[1]；堂上一官称父母，漫道一官好做[2]，还尽些父母恩情。

【注释】

①地步：余地，后路，回旋的余地。《红楼梦》第五十回："这正是会作诗的起法，不但好，而且留了写不尽的多少地步与后人。"

②漫道：不要说，别觉得。

善体黎庶情[1]，此谓民之父母；广行阴骘事[2]，以能保我子孙。

【注释】

①黎庶：百姓，平民大众。《史记·秦始皇本纪》："地势既定，黎庶无繇，天下咸抚。"

②阴骘（zhì）：阴德。《尚书·洪范》：“惟天阴骘下民，相协厥居。”

封赠父祖，易得也，无使人唾骂父祖，难得也；恩荫子孙[1]，易得也，无使我毒害子孙，难得也。

【注释】

①恩荫：中国上古时代世袭制的一种变相，指在封建制度下，由父辈的地位而使子孙后辈在入学、入仕等方面享受特殊待遇。

洁己方能不失己，爱民所重在亲民。

朝廷立法不可不严，有司行法不可不恕[1]。

【注释】

①有司：指主管某部门的官吏。古代设官分职，各有专司，故称有司。《史记·孝武本纪》：“其后三年，有司言元宜以天瑞命，不宜以一二数。”

严以驭役而宽以恤民[1]，极于扬善而勇于去奸，缓于催科而勤于抚字[2]。

【注释】

①驭役：管理下属。

②催科：催收租税。抚字：对百姓安抚、体恤。《北齐书·封隆之传》：“隆之素得乡里人情，频为本州，留心抚字，吏民追思，立碑颂德。”

催科不扰，催科中抚字；刑罚不差，刑罚中教化。

刑罚当宽处即宽，草木亦上天生命；财用可省时便省，丝毫皆下民脂膏[①]。

【注释】

①脂膏：民脂民膏。

居家为妇女们爱怜，朋友必多怒色；做官为衙门人欢喜，百姓定有怨声。

官不必尊显，期于无负君亲。道不必博施，要在有裨民物[①]。禄岂须多，防满则退。年不待暮，有疾便辞。天非私富一人，托以众贫者之命；天非私贵一人，托以众贱者之身。

【注释】

①裨：裨益，有益。

住世一日，要做一日好人；为官一日，要行一日好事。

贫贱人栉风沐雨[①]，万苦千辛，自家血汗自家消受，天之鉴察犹恕；富贵人衣税食租，担爵受禄，万民血汗一人消受，天之督责更严。

【注释】

①栉（zhì）风沐雨：以风梳，以雨沐。形容人不顾风雨，辛苦劳作奔波。《庄子·天下》："沐甚雨，栉疾风。"

平日诚以治民而民信之，则凡有事于民，无不应矣；平日诚以事天而天信之，则凡有祷于天，无不应矣。

平民肯种德施惠，便是无位底卿相；士夫徒贪权希宠，竟成有爵底乞儿。

无功而食，雀鼠是已；肆害而食，虎狼是已。

毋矜清而傲浊[1]，毋慎大而忽小，毋勤始而怠终。

【注释】

①矜清而傲浊：以清操而自矜自大，自命清高。

勤能补拙，俭以养廉。

居官廉，人以为百姓受福，予以为锡福于子孙者不浅也[1]，曾见有约己裕民者，后代不昌大耶？

居官浊，人以为百姓受害，予以为贻害于子孙者不浅也，曾见有瘠众肥家者[2]，历世得久长耶？

【注释】

①锡：赐。《楚辞·离骚》："皇览揆余初度兮，肇锡余以嘉名。"

②瘠：动词，使贫瘠。

以林皋安乐懒散心做官[1]，未有不荒怠者；以在家治生营产心做官，未有不贪鄙者。

【注释】

①林皋：山林，山野，指归隐闲适。《千字文》：“宠增抗极，殆辱近耻，林皋幸即。”

念念用之君民，则为吉士[1]；念念用之套数[2]，则为俗吏；念念用之身家，则为贼臣。

【注释】

①吉士：贤人。

②套数：老一套的办法，相因袭的程式。《二刻拍案惊奇》卷十八：“却自有这伙地方人等要报知官府，投递结状，相验尸伤许多套数。”

古之从仕者养人[1]，今之从仕者养己。古之居官也，在下民身上做工夫；今之居官也，在上官眼底做工夫。

【注释】

①从仕：从政，为官。陆游《老学庵笔记》：“顾迫贫从仕，又十有二年，负神之教多矣。”

在家者不知有官，方能守分[1]；在官者不知有家，方能尽分。

【注释】

①分：本分。

君子当官任职，不计难易，而志在济人，故动辄成功；小人苟禄营私，只任便安[1]，而意在利己，故动多败事。

【注释】

①便安：便利安稳。

职业是当然底，每日做他不尽，莫要认作假；权势是偶然底，有日还他主者，莫要认作真。

一切人为恶，犹可言也，惟读书人不可为恶，读书人为恶，更无教化之人矣！

一切人犯法，犹可言也，惟做官人不可犯法，做官人犯法，更无禁治之人矣！

士大夫济人利物，宜居其实，不宜居其名，居其名则德损；士大夫忧国为民，当有其心，不当有其语[1]，有其语则毁来。

【注释】

①语：指空谈，高谈阔论。

以处女之自爱者爱身，以严父之教子者教士。执法如山，守身如玉，爱民如子，去蠹如仇[1]。

【注释】

①蠹：蛀虫。

陷一无辜，与操刀杀人者何别？释一大憝[1]，与纵虎伤人者无殊！

【注释】

①憝：奸恶，穷凶极恶的人。

针芒刺手，茨棘伤足[1]，举体痛楚，刑惨百倍于此，可以喜怒施之乎？

虎豹在前，坑阱在后，百般呼号，狱犴何异于此[2]，可使无辜坐之乎？

【注释】

①茨棘：蒺藜与荆棘。《诗·小雅·楚茨》：“楚楚者茨，言抽其棘。”

②狱犴：牢狱。《盐铁论·刑德》：“幽隐远方，折乎知之，室女童妇，咸知所避。是以法令不犯，而狱犴不用也。”

官虽至尊，决不可以人之生命，佐己之喜怒；官虽至卑，决不可以己之名节，佐人之喜怒。

听断[1]之官，成心必不可有；任事之官，成算[2]必不可无。

【注释】

①听断：听讼断狱。

②成算：已定的计划。

无关紧要之票[1]，概不标判[2]，则吏胥无权[3]；不相交涉之人，概不往来，则关防自密[4]。

【注释】

①票：政令，公文。

②标判：批示，签发。

③吏胥：小吏。

④关防：印信，这里指机密。

无辜牵累难堪，非紧要，只须两造对质[1]，保全多少身家。

疑案转移甚大，无确据，便当末减从宽，休养几人性命。

【注释】

①只：仅仅。两造：案件双方当事人。《尚书·吕刑》："两造具备，师听五辞。"

呆子之患，深于浪子，以其终无转智；昏官之害，甚于贪官，以其狼藉及人①。

【注释】

①狼藉：折磨，困厄。

官肯著意一分①，民受十分之惠；上能吃苦一点，民沾万点之恩。

【注释】

①著意：用心，留意。李渔《蜃中楼》："你也替我留心，我也替你著意。"

礼繁则难行，卒成废阁之书①；法繁则易犯，益甚决裂之罪。

【注释】

①废阁：亦作"废格"，搁置而不实施。《史记·平准书》："於是见知之法生，而废格沮诽穷治之狱用矣。"

善启迪人心者，当因其所明而渐通之，毋强开其所闭；善移易风俗者，当因其所易而渐反之，毋强矫其所难。

非甚不便于民，且莫妄更；非大有益于民，则莫轻举。

情有可通，旧有者不必过裁抑，免生寡恩之怨；事在得已，旧无者不必妄增设，免开多事之门。

为前人者，无干誉矫情[①]，立一切不可常之法，以难后人；为后人者，无矜能露迹，为一朝即改革之政，以苦前人。

【注释】

①干誉矫情：违背常情以求名誉。《二刻拍案惊奇》卷二四："其余凡贪官、污吏……及矫情干誉、欺世盗名种种之人，无不随业得报，一一不爽。"

事在当因[①]，不为后人开无故之端；事在当革，无使后人长不救之祸。

【注释】

①因：因袭，沿袭。

利在一身勿谋也，利在天下者谋之；利在一时勿谋也，利在万世者谋之。

莫为婴儿之态，而有大人之器。莫为一身之谋，而有天下之志。莫为终身之计，而有后世之虑。

用三代以前见识，而不失之迂；就三代以后家数[①]，而不邻于俗。

【注释】

①家数：家法传统，这里指治国的政策、策略。严羽《沧浪诗话·答出继叔临安吴景仙书》："世之技艺，犹各有家数。"

大智兴邦，不过集众思；大愚误国，只为好自用。

吾爵益高，吾志益下[①]；吾官益大，吾心益小；吾禄益厚，吾施益博。

【注释】

①下：退让，谦逊。

安民者何？无求于民，则民安矣。察吏者何？无求于吏，则吏察矣[①]。

【注释】

①察：清廉，称职。

不可假公法以报私仇，不可假公法以报私德。

天德只是个无我[①]，王道只是个爱人[②]。

【注释】

①天德：上天的德性。董仲舒《春秋繁露·人副天数》："天德施，地德化，人德义。"

②王道：儒家思想认为，圣人成了君王，其统治即是王道，常与"霸道"相对称。王道政治强调君主以仁义治天下，以德政安抚臣民。

惟有主，则天地万物自我而立；必无私，斯上下四旁咸得其平[①]。

【注释】

①斯：则，就。四旁：四极，四境。

治道之要在知人，君德之要在体仁，御臣之要在推诚，用人之要在择言，理财之要在经制[①]，足用之要在薄敛，除寇之要在安民。

【注释】

①经制：精心处理计算。

未用兵时，全要虚心用人；既用兵时，全要实心活人。

天下不可一日无君，故夷齐非汤武[①]，明臣道也，不然，则乱臣接踵而难为君；天下不可一日无民，故孔孟是汤武，明君道也，不然，则暴君接踵而难为民。

【注释】

①夷齐：伯夷与叔齐的并称，商末贵族，不肯归附周，不食而死，反对推翻前朝统治的行为。汤武：商代开国君主商汤与周代开国君主周武王的并称。

庙堂之上，以养正气为先；海宇之内[①]，以养元气为本。

【注释】

①海宇：国境以内。《梁书·武帝纪上》："浃海宇以驰风，罄轮裳而禀朔。"

人身之所重者元气，国家之所重者人才。

本类简评

《论语·为政》云："为政以德，譬如北辰，居其所而众星拱之。"为政就是从政，就是讲出仕做官之道。本篇所言都是居官为政之道。从政是中国古代读书人的重要追求，也是人生价值实现的基本途径之一。读书、修身、养性、齐家，皆为做官做准备，这是中国古代士人的基本价值观。读书人为官从政，治理一方，教化百姓，须讲求为官之道，方可全己容身，造福黎庶。本篇所选格言，都是教化为官者须养民爱民，善体庶情，勤政宽仁，薄赋清廉，这些为官之道，即使到了今天也有其现实意义。当然，通篇所弥漫的忠君爱民、民之父母等思想观念，是君主专制之下的从政之道，我们在阅读时必须注意到其时代的局限。需要指出的是，本篇对官员的一些惩戒、威吓并不是建立在监督基础上的，而是大谈"因果报应"，这些因果报应之说，在古代是有其积极意义的，对于防止官员贪腐起到了一定的作用。身处今天，我们当然不能继续去高谈因果报应，而应将权力关入笼中，以人民的监督来确保政风，确保拒腐防贪。

惠吉类

圣人敛福，君子考祥①。作德日休②，为善最乐。

【注释】

①考：最终，终究。

②休：美好。

开卷有益，作善降祥①。

【注释】

①作善降祥：行善事则可获天降之护佑。《尚书. 伊训》：“惟上帝不常。作善降之百祥，作不善降之百殃。”

崇德效山，藏器学海①。群居守口，独坐防心。

【注释】

①藏器：身怀才能而等待着施展的时机。器，指才能。《周易·系辞下》："君子藏器于身，待时而动。"

知足常乐，能忍自安。

穷达有命，吉凶由人。

以镜自照见形容[①]，以心自照见吉凶。

【注释】

①形容：形体与容貌。

善为至宝，一生用之不尽；心作良田，百世耕之有余。世事让三分，天空地阔。心田培一点[①]，子种孙收。

【注释】

①心田：佛教用语，即内心，良心。谓心藏善恶种子，随缘滋长，如田地生长五谷，故称心田。南朝梁简文帝《上大法颂表》："泽雨无偏，心田受润。"

要好儿孙，须方寸中放宽一步[①]；欲成家业，宜凡事上吃亏三分。

【注释】

①方寸：指人的内心，心绪。《魏书·董绍传》："老母在洛，无复方寸，既奉恩贷，实若更生。"

留福与儿孙，来必尽黄金白镪[①]；种心为产业，由来皆美宅良田。

【注释】

①白镪：白银，银子。孔贞运《明资政大夫兵部尚书节寰袁公墓志铭》："是年四月，上念公劳苦边事，赐白镪文蟒以宠异之。"

存一点天理心，不必责效于后[①]，子孙赖之；说几句阴骘语，纵未尽施于人，鬼神鉴之。

【注释】

①责效：取得成效，收到成效。

非读书不能入圣贤之域，非积德不能生聪慧之儿。

多积阴德，诸福自至，是取决于天。尽力农事，加倍收成，是取决于地。善教子孙，后嗣昌大，是取决于人。

事事培元气，其人必寿；念念存本心[①]，其后必昌。

【注释】

①本心：天生的善性、善良。《孟子·告子上》："乡为身死而不受，今为宫室之美为之……此之谓失其本心。"

勿谓一念可欺也，须知有天地鬼神之鉴察。勿谓一言可轻也，须知有前后左右之窃听。勿谓一事可忽也，须知有身家性命之关系。勿谓一时可逞也[①]，须知有子孙祸福之报应。

【注释】

①逞：放任，任性。

人心一念之邪，而鬼在其中焉，因而欺侮之，播弄之[1]，昼见于形像，夜见于梦魂，必酿其祸而后已。故邪心即是鬼，鬼与鬼相应，又何怪乎！

人心一念之正，而神在其中焉，因而鉴察之，呵护之，上至于父母，下至于儿孙，必致其福而后已。故正心即是神，神与神相亲，又何疑乎！

【注释】

①播弄：挑拨，玩弄，摆布，支配。

终日说善言，不如做了一件；终身行善事，须防错了一桩。

物力艰难，要知吃饭穿衣，谈何容易？光阴迅速，即使读书行善，能有几多？

只字必惜[1]，贵之根也；粒米必珍，富之源也；片言必谨，福之基也；微命必护[2]，寿之本也。

【注释】

①只字：一个字，这里代指读书问学。

②微命：卑微而价值不大的性命。《楚辞·天问》："蠭蛾微命，力何固？"

作践五谷，非有奇祸，必有奇穷；爱惜只字，不但显荣，亦当延寿。

茹素非圣人教也[①]，好生则上天意也。

【注释】

①茹：吃。

仁厚刻薄，是修短关[①]；谦抑盈满，是祸福关；勤俭奢惰，是贫富关；保养纵欲，是人鬼关。

【注释】

①修短：长短，指福报、寿命的长短数量。《汉书·谷永传》："加以功德有厚薄，期质有修短，时世有中季，天道有盛衰。"

造物所忌，曰刻曰巧[①]；万类相感[②]，以诚以忠。

【注释】

①刻：指器物过分雕琢，追求精细。

②相感：相互感应。《易·系辞下》："往者屈也，来者信也，屈信相感而利生焉。"

做人无成心[①]，便带福气；做事有结果，亦是寿征[②]。

【注释】

①成心：成见，偏见。《庄子·齐物论》："夫随其成心而师之，谁独且无师乎？"

②寿征：长寿的征兆。

执拗者福轻，而圆通之人其福必厚；急躁者寿夭，而宽宏之士其寿必长。

谦卦六爻皆吉[1]，恕字终身可行。

【注释】

①谦卦：《易经》六十四卦之第十五卦。上卦为坤为地，下卦为艮为山。谦卦艮下坤上，为地下有山之象，意在告诫人们要谦虚谨慎。

作本色人，说根心话，干近情事。

一点慈爱，不但是积德种子，亦是积福根苗，试看那有不慈爱底圣贤。

一念容忍，不但是无量德器[1]，亦是无量福田，试看那有不容忍底君子。

【注释】

①无量：没有限制的，没有止境的，指数量很多。

好恶之念萌于夜气[1]，息之于静也。恻隐之心发于乍见[2]，感之于动也。

【注释】

①夜气：指晚上静思所产生的良知善念。《孟子·告子上》："牿之反覆，则其夜气不足以存；夜气不足以存，则其违禽兽不远矣。"

②乍见：初次遇见。

塑像栖神，盍归奉亲；造院居僧，盍往救贫。

费千金而结纳势豪，孰若倾半瓢之粟，以济饥饿。构千楹而招来宾客[1]，何如葺数椽之茅，以庇孤寒。

【注释】

①楹：厅堂前部的柱子。

悯济人穷，虽分文升合[1]，亦是福田；乐与人善，即只字片言，皆为良药。

【注释】

①合（gě）：容量单位，十合为一升，形容数量少。

谋占田园，决生败子；尊崇师傅，定产贤郎。

平居寡欲养身，临大节则达生委命[1]；治家量入为出，干好事则仗义轻财。

【注释】

①达生委命：舍生取义。颜之推《颜氏家训·勉学》：“素怯懦者，欲其观古人之达生委命，强毅正直，立言必信，求福不回，勃然奋厉，不可恐慑也。”

善用力者就力[1]，善用势者就势，善用智者就智，善用财者就财。

【注释】

①就：凭借，倚仗。

身世多险途，急须寻求安宅；光阴同过客，切莫汩主翁[1]。

【注释】

①汩没：在水中浮沉，随波逐流。

莫忘祖父积阴功，须知文字无权，全凭阴骘；最怕生平坏心术，毕竟主司有眼[1]，如见心田。

【注释】

①主司：主管，此处指阴间的鬼神。

天下第一种可敬人，忠臣孝子；天下第一种可怜人，寡妇孤儿。

孝子百世之宗[1]，仁人天下之命。

【注释】

①宗：尊崇的对象。

形之正，不求影之直而影自直；声之平，不求响之和而响自和；德之崇，不求名之远而名自远。

有阴德者，必有阳报；有隐行者，必有昭名。

施必有报者，天地之定理，仁人述之以劝人；施不望报者，圣贤之盛心，君子存之以济世。

面前的理路要放得宽，使人无不平之叹；身后的惠泽要流得远，令人有不匮之思[1]。

【注释】

①匮：缺乏，匮乏。

不可不存时时可死之心，不可不行步步求生之事。

作恶事，须防鬼神知；干好事，莫怕旁人笑。

吾本薄福人，宜行惜福事；吾本薄德人，宜行积德事。

薄福者必刻薄，刻薄则福愈薄矣；厚福者必宽厚，宽厚则福益厚矣。

有工夫读书，谓之福；有力量济人，谓之福；有明道济世著述，谓之福；有聪明浑厚之见，谓之福；无是非到耳，谓之福；无疾病缠身，谓之福；无尘俗撄心[1]，谓之福；无兵凶荒歉之岁，谓之福。

【注释】

①撄（yīng）：扰乱，纠缠。

从热闹场中，出几句清冷言语，便扫除无限杀机；向寒微路上，用一点赤热心肠，自培植许多生意[1]。

【注释】

①生意：情义。

入瑶树琼林中皆宝，有谦德仁心者为祥。

谈经济外[1]，宁谈艺术[2]，可以给用；谈日用外，宁谈山水，可以息机；谈心性外[3]，宁谈因果，可以劝善。

【注释】

①经济：经世济民，治国平天下。

②艺术：非今天之艺术，古代指各种技能和方术。

③心性：中国古典哲学范畴，指“心”和“性”，谓性情、性格。

艺花可以邀蝶[①]，垒石可以邀云，栽松可以邀风，植柳可以邀蝉，贮水可以邀萍，筑台可以邀月，种蕉可以邀雨，藏书可以邀友，积德可以邀天。

【注释】

①艺：养，种植。

作德日休，是谓福地；居易俟命[①]，是谓洞天。

【注释】

①俟（sì）命：听天由命。《礼记·中庸》：“上不怨天，下不尤人，故君子居易以俟命，小人行险以徼幸。”郑玄注：“俟命，听天任命也。”

心地上无波涛，随在皆风恬浪静；性天中有化育[①]，触处见鱼跃鸢飞[②]。

【注释】

①化育：教化，培育，滋养。唐欧阳詹《二公亭记》：“席公今日之化育，吾徒是以宁。”

②鱼跃鸢飞：万物各得其所，自由自在。

贫贱忧戚，是我分内事，当动心忍性，静以俟之，更行一切善，以斡转之[①]。

富贵福泽，是我分外事，当保泰持盈，慎以守之，更造一切福，以凝承之。

【注释】

①斡转：转变，改变。

世网那能跳出[1]，但当忍性耐心，自安义命[2]，即网罗中之安乐窝也[3]。

尘务岂能尽捐，惟不起炉作灶，自取纠缠，即火坑中之清凉散也。

【注释】

①世网：指社会上法律礼教、伦理道德对人的束缚。嵇康《答难养生论》："奉法循理，不絓世网。"

②义命：泛指本分。范濂《云间据目抄》卷一："予今老矣，平生坎坷大都与家山同，独能以义命自安，而不役役于穷途。"

③安乐窝：北宋邵雍自号安乐先生，隐居苏门山，名其居为安乐窝。后泛指安静舒适的住处。

热不可除，而热恼可除，秋在清凉台上[1]。

穷不可遣，而穷愁可遣，春生安乐窝中。

【注释】

①清凉台：相传原是汉明帝少时读书乘凉之处。

富贵贫贱，总难称意，知足即为称意。山水花竹，无恒主人，得闲便是主人。

要足何时足，知足便足；求闲不得闲，偷闲即闲。

知足常足，终身不辱；知止常止，终身不耻。

急行缓行，前程总有许多路；逆取顺取，命中只有这般财。

理欲交争，肺腑成为吴越[①]；物我一体，参商终是弟兄[②]。

【注释】

①吴越：春秋末期的吴国与越国，两国互为敌国，后泛指对立的双方。

②参商：参星与商星，二者在夜空中此出彼没，彼出此没，古人以此比喻彼此对立，不和睦、不能相见、有差别。

以积货财之心积学问，以求功名之心求道德，以爱妻子之心爱父母，以保爵位之心保国家。

移作无益之费以作有益，则事举。移乐宴乐之时以乐讲习，则智长。移信异端之意以信圣贤，则道明。移好财色之心以好仁义，则德立。移计利害之私以计是非，则义精。移养小人之禄以养君子，则国治。移御私敌之勇以御公侮，则兵足。移保身家之念以保百姓，则民安。

做大官底，是一样家数[①]；做好人底，是一样家数。

【注释】

①家数：相传承的方法。

潜居尽可以为善，何必显宦[1]？躬行孝弟，志在圣贤，纂辑先哲格言，刊刻广布，行见化行一时，泽流后世，事业之不朽，蔑以加焉[2]？

贫贱尽可以积德，何必富贵？存平等心，行方便事，效法前人懿行，训俗型方，自然谊敦宗族，德被乡邻，利济之无穷，孰大于是？

【注释】

①显宦：做官地位显赫。

②蔑：无，没有。

一时劝人以口，百世劝人以书。

静以修身，俭以养福，入则笃行，出则友贤。

读书者不贱，力田者不饥，积德者不倾，择交者不败。

明镜止水以澄心，泰山乔岳以立身，青天白日以应事，霁月光风以待人。

省费医贫[1]，弹琴医躁，独卧医淫，随缘医愁，读书医俗。

【注释】

①省费：节省花销、开支。

以鲜花视美色，则孽障自消；以流水听弦歌，则性灵何害？

养德宜操琴，炼智宜弹棋，遣情宜赋诗，辅气宜酌酒，解事宜读史，得意宜临书，静坐宜焚香，睡醒宜嚼茗，体物宜展画，适境宜按歌，阅候宜灌花，保形宜课药，隐心宜调鹤，孤况宜闻蛩，涉趣宜观鱼，忘机宜饲雀，幽寻宜借草，淡味宜掬泉，独立宜望山，闲吟宜倚树，清谈宜剪烛，狂啸宜登台，逸兴宜投壶，结想宜欹枕，息缘宜闭户，探景宜携囊，爽致宜临风，愁怀宜伫月，倦游宜听雨，玄悟宜对雪，辟寒宜映日，空累宜看云，谈道宜访友，福后宜积德。

本类简评

本篇名为“惠吉”，与下篇《悖凶》相对。惠吉，顾名思义，就是宣扬修身行善的积极意义。“积善之家，必有余庆；积不善之家，必有余殃。”本篇所述，正是积善得福、知足常乐之理。本章围绕“行善”与“知足”二事，教导人们行善则天降福报，善行比钱财更为可贵。行善不仅能够广结福缘，亦能惠及子孙。一个人保持良好的心态，就能够获得福报。什么是良好的心态呢？就是知足。人的欲望无穷无尽，若不知餍足，即使富贵逼人，同样无法获得快乐。汲汲以求，心灵与行为则会被欲望所控制，一旦被欲望控制，就很容易做出违背天理之事，自然无法为天所佑，无法获得福报。做到了知足常乐，即使无权无势，即使处于贫贱，也同样能够甘之如饴。超脱了无谓的欲望，看似平常的小事也是上天的恩赐：平安是福，健康是福，读书是福，闲适是福。今天，我们当然不应当再以福报为目的去修德养身。但是，修德本身就可以让人快乐，多做好事，知足常乐，“福田”自种，快乐在己！

悖凶类

富贵家不肯从宽，必遭横祸；聪明人不肯学厚，必夭天年[①]。

【注释】

①夭：夭亡。

倚势欺人，势尽而为人欺；恃财侮人，财散而受人侮。

暗里算人者，算的是自家儿孙；空中造谤者[①]，造的是本身罪孽[②]。

【注释】

①空中：没有证据，凭空。

②本身：自己的，自身的。

饱肥甘[①]，衣轻暖，不知节者损福；广积聚，骄福贵，不知止者杀身。

【注释】

①肥甘：指肥美的、滋味醇厚的食物。《孟子·梁惠王上》："为肥甘不足於口与？"

文艺自多[①]，浮薄之心也；富贵自雄，卑陋之见也[②]。

【注释】

①自多：自夸，自满于，自恃。《韩非子·说难》："彼自多其力，则毋以其难概之也。"

②卑陋：浅薄，平庸，格调不高。

位尊身危，财多命殆。

机者[①]，祸福所由伏，人生于机，即死于机也；巧者，鬼神所最忌，人有大巧，必有大拙也。

【注释】

①机：机智灵活，过分机智就是诡诈。

出薄言，做薄事，存薄心，种种皆薄，未免灾及其身；设阴谋，积阴私[①]，伤阴骘，事事皆阴，自然殃流后代。

【注释】

①阴私：隐秘不可告人的事，一般指阴谋与坏事。《汉书·江充传》："太子疑齐以己阴私告王。"

积德于人所不知，是谓阴德，阴德之报，较阳德倍多；造恶于人所不知，是谓阴恶，阴恶之报，较阳恶加惨[1]。

【注释】

①加：更加，加倍。

家运有盛衰，久暂虽殊，消长循环如昼夜；人谋分巧拙，智愚各别，鬼神彰瘅最严明[1]。

【注释】

①彰瘅（dàn）：褒扬与惩罚。《尚书·毕命》：“彰善瘅恶，树之风声。”

天堂无则已，有则君子登；地狱无则已，有则小人入。

为恶畏人知，恶中冀有转念[1]；为善欲人知，善处即是恶根。

【注释】

①转念：转机，回旋的余地。

谓鬼神之无知，不应祈福；谓鬼神之有知，不当为非。

势可为恶而不为，即是善；力可行善而不行，即是恶。

于福作罪，其罪非轻；于苦作福[1]，其福最大。

【注释】

①作福：做善事，行善。《春秋繁露·保位权》：“所好多则作福，所恶多则作威。”

行善如春园之草，不见其长，日有所增；行恶如磨刀之石，不见其消，日有所损。

使为善而父母怒之，兄弟凶之，子孙羞之，宗族乡党贱恶之[①]，如此而不为善，可也；为善则父母爱之，兄弟悦之，子孙荣之，宗族乡党敬信之，何苦而不为善？

使为恶而父母爱之，兄弟悦之，子孙荣之，宗族乡党敬信之，如此而为恶，可也；为恶则父母怒之，兄弟怨之，子孙羞之，宗族乡党贱恶之，何苦而必为恶？

为善之人，非独其宗族亲戚爱之，朋友乡党敬之，虽鬼神亦阴相之[②]；为恶之人，非独其宗族亲戚叛之，朋友乡党怨之，虽鬼神亦阴殛之[③]。

【注释】

①乡党：同乡，乡亲。

②相：辅佐，庇护。

③殛（jí）：杀死，惩罚。

为一善而此心快惬[①]，不必自言，而乡党称誉之，君子敬礼[②]之，鬼神福祚之，身后传诵之；为一恶而此心愧怍，虽欲掩护，而乡党传笑之，王法刑辱[③]之，鬼神灾祸之，身后指说之。

【注释】

①快惬：指心情舒适愉快。

②敬礼：尊敬并以礼相待。《吕氏春秋·怀宠》：“求其孤寡而振恤之，见其长老而敬礼之。”

③刑辱：用刑罚侮辱，指遭受刑罚。《汉书·五行志》："时楚王戊暴逆无道，刑辱申公。"

一命之士[1]，苟存心于爱物，于人必有所济；无用之人，苟存心于利己，于人必有所害。

【注释】

①一命之士：指身处低微职务的为官者，出自周代官阶制度。周代官职分为九个等级，伯为上公九命，周天子的三公八命，侯伯七命，周天子的卿六命，子男五命，周天子的大夫及公的孤四命，公、侯、伯的卿三命，公、侯、伯的大夫及子男的卿再命（即二命），公、侯、伯的士及子男的大夫一命。《周礼·地官·党正》："一命齿于乡里。"贾公彦疏："一命，谓下士。"

膏粱[1]积于家，而剥削人之糠核[2]，终必自亡其膏粱；文绣充于室，而攘取[3]人之敝裘，终必自丧其文绣。

【注释】

①膏粱：肥美而精致的食物。《国语·晋语七》："夫膏粱之性难正也。"韦昭注："膏，肉之肥者；粱，食之精者。"

②糠核：指粗陋廉价的食物。

③攘取：窃取，夺取。

天下无穷大好事，皆由于轻利之一念，利一轻，则事事悉属天理，为圣为贤，从此进基；天下无穷不肖事，皆由于重利之一念，利一重，则念念皆违人心，为盗为跖，从此直入。

清欲人知，人情之常，今吾见有贪欲人知者矣！朵其颐，垂其涎，惟恐人误视为灵龟而不饱其欲也。

善不自伐[①]，盛德之事，今吾见有自伐其恶者矣！张其牙，露其爪，惟恐人不识为猛虎而不畏其威也。

【注释】

①伐：夸耀。

以奢为有福，以杀为有禄[①]，以淫为有缘，以诈为有谋，以贪为有为，以吝为有守，以争为有气，以嗔[②]为有威，以赌为有技，以讼为有才，可不哀哉！

【注释】

①有禄：指有地位、官职的人。

②嗔：发怒。

谋馆[①]如鼠，得馆如虎，鄙主人而薄弟子者，塾师之无耻也。卖药如仙，用药如颠，贼人命而诿天数者，医师之无耻也。觅地如瞽[②]，谈地如舞，矜异传而谤同道者，地师[③]之无耻也。

【注释】

①馆：古代教书的场所，多指私塾，这里借指教职。

②瞽（gǔ）：盲人。

③地师：指风水师，风水方术之士。

不可信之师，勿以私情荐之，使人托以子弟；不可信之医，勿以私情荐之，使人托以生命；不可信之堪舆[①]，勿以私情荐之，使人托以先骸[②]；不可信之女子，勿以私情媒之，使人托以宗嗣。

【注释】

①堪舆：风水，这里代指风水术士，风水师。

②先骸：先人的遗体骨骸。

肆傲者纳侮[①]，讳过者长恶，贪利者害己，纵欲者戕生。

【注释】

①纳侮：招致轻侮、羞辱。《尚书·说命中》："无启宠纳侮，无耻过作非。"

鱼吞饵，蛾扑火，未得而先丧其身；猩醉醴[①]，蚊饱血，已得而随亡其躯；鹚食鱼[②]，蜂酿蜜，虽得而不享其利。欲不除，似蛾扑灯，焚身乃止；贪不了，如猩嗜酒，鞭血方休。

【注释】

①醴：美酒。

②鹚：为渔夫捕鱼的水鸟。

明星朗月，何处不可翱翔？而飞蛾独趋灯焰。嘉卉[①]清泉，何物不可饮啄？而蝇蚊争嗜腥膻。

【注释】

①嘉卉：美好的花草树木。《诗·小雅·四月》："山有嘉卉，侯栗侯梅。"

飞蛾死于明火，故有奇智者，必有奇殃；游鱼死于芳纶[①]，故有善嗜者，必有美毒。

【注释】

①芳纶：有诱惑力的鱼饵与钓鱼线。

慨夏畦[①]之劳劳，秋毫无补；笑冬烘[②]之贸贸[③]，春梦方回。

【注释】

①夏畦：夏日劳作之人。《孟子·滕文公下》：“胁肩谄笑，病于夏畦。”朱熹注：“夏畦，夏月治畦之人也。”

②冬烘：拘泥食古，思想迂腐浅陋的读书人。《因话录》：“主司头脑太冬烘，错认颜标作鲁公。”

③贸贸：昏庸糊涂。

吉人无论处世平和，即梦寐神魂，无非生意[①]；凶人不但做事乖戾，即声音笑貌，浑是杀机。

【注释】

①生意：生机。

仁人心地宽舒，事事有宽舒气象，故福集而庆长；鄙夫胸怀苛刻，事事以苛刻为能，故禄薄而泽短。

充一个公己公人心，便是吴越一家；任一个自私自利心，便是父子仇雠。

理以心为用，心死于欲则理灭，如根株斩而本亦坏也；心以理为本，理被欲害则心亡，如水泉竭而河亦干也。

鱼与水相合，不可离也，离水则鱼槁矣；形与气相合，不可离也，离气则形坏矣；心与理相合，不可离也，离理则心死矣。

天理是清虚[①]之物，清虚则灵，灵则活；人欲是渣滓之物，渣滓则蠢，蠢则死。

【注释】

①清虚：清净虚无。《汉书. 艺文志》："然后知秉要执本，清虚以自守，卑弱以自持，此君人南面之术也。"

毋以嗜欲杀身，毋以货财杀子孙，毋以政事杀百姓，毋以学术杀天下后世。

毋执去来[①]之势而救权，毋固得丧之位而为宠，毋恃聚散之财而为利，毋认离合之形而为我。

【注释】

①去来：有来有去。下文"得丧"、"聚散"、"离合"皆类此。

贪了世味[①]的滋益，必招性分的损；讨了人事的便宜，必吃天道的亏。

【注释】

①世味：指功名宦情，俗世中的名利。

精工言语，于行事毫不相干；照管皮毛，与性灵有何关涉？

荆棘满野，而望收嘉禾者愚；私念满胸，而欲求福应者悖。

庄敬[1]非但日强也，凝心静气，觉分阴寸晷，倍自舒长；安肆非但日愉也，意纵神驰，虽累月经年，亦形迅驶。

【注释】

①庄敬：庄严而恭敬。《礼记·乐记》："致礼以治躬则庄敬，庄敬则严威。"

自家过恶自家省，待祸败时，省已迟矣；自家病痛自家医，待死亡时，医已晚矣。

多事为读书第一病，多欲为养生第一病，多言为涉世第一病，多智为立心第一病，多费为作家[1]第一病。

【注释】

①作家：操持家事，主理中馈。

今之用人，只怕无去处，不知其病根在来处；今之理财，只怕无来处，不知其病根在去处。

贫不足羞，可羞是贫而无志；贱不足恶，可恶是贱而无能；老不足叹，可叹是老而无成；死不足悲，可悲是死而无补。

事到全美处，怨我者难开指摘之端；行到至污处，爱我者莫施掩护之法。

衣垢不湔[1]，器缺不补，对人犹有惭色；行垢不湔，德缺不补，对天岂无愧心。

【注释】

①湔（jiān）：洗。

供人欣赏，侪[①]风月于烟花，是曰亵天；逞我机锋，借诗书以戏谑，是名侮圣。

【注释】

①侪：伴，凭借。

罪莫大于亵天，恶莫大于无耻，过莫大于多言。

言语之恶，莫大于造诬；行事之恶，莫大于苛刻；心术之恶，莫大于深险。

谈人之善，泽于膏沐[①]；暴[②]人之恶，痛于戈矛。

【注释】

①膏沐：古代妇女润发的油脂，借喻德政或恩泽。《楚辞·王逸》："思灵泽兮膏沐，怀兰英兮把琼若。"

②暴：显露，暴露。

当厄[①]之施，甘为时雨；伤心之语，毒于阴冰。

【注释】

①当厄：处在厄运、困难之中。

阴恶积雨之险奇，可以想为文境，不可设为心境；华林映日之绮丽，可以假为文情，不可依为世情。

巢父洗耳以鸣高[1]，予以为耳其窦也，其言已入于心矣，当剖心而浣之；陈仲出哇以示洁[2]，予以为哇其滓也，其味已入于肠矣，当刲肠而涤之。

【注释】

①巢父洗耳：当为许由洗耳，传说尧欲禅位于许由，许由以为是耻辱，至颍水洗耳。而巢父更进一步，甚至认为许由洗过耳的水都脏了，不让自己的小牛去饮水。

②陈仲出哇：传说陈仲是齐国人，因为误食了别人送给他哥哥的鹅，就将鹅肉吐出。常用来比喻人的高洁。

诋缁黄[1]之背本宗，或衿带[2]坏圣贤名教；詈青紫[3]之忘故友，乃衡茅[4]伤骨肉天伦。

【注释】

①缁黄：僧人与道士。僧人衣缁服，道士冠黄冠，故有此谓。

②衿带：文人，读书人。

③青紫：古时公卿绶带之色，因借指高官显爵。《汉书·眭两夏侯京翼李列传》："胜每讲授，常谓诸生曰：士病不明经术，经术苟明，其取青紫如俯拾地芥 jiè 耳。学经不明，不如归耕。"

④衡茅：简陋的房屋，指隐居。陶潜《辛丑岁七月赴假还江陵夜行涂口》："养真衡茅下，庶以善自名。"

炎凉之态，富贵甚于贫贱；嫉妒之心，骨肉甚于外人。

兄弟争财，父遗不尽不止；妻妾争宠，夫命不死不休。

受连城而代死，贪者不为，然死利者何须连城？携倾国以告殂[①]，淫者不敢，然死色者何须倾国？

【注释】

①告殂（cú）：等死。

乌获[①]病危，虽童子制梴[②]可挞；王嫱[③]臭腐，惟狐狸钻穴相窥。

【注释】

①乌获：战国时的大力士，据说能举千钧之重，后泛指力士。《战国策·燕策一》："今夫乌获举千钧之重，行年八十而求扶持。"

②梴（chān）：木棍。

③王嫱：王昭君，名嫱，字昭君，中国古代四大美女之一。

圣人悲时悯俗，贤人痛世疾俗，众人混世逐俗，小人败常乱俗。

读书为身上之用，而人以为纸上之用。做官乃造福之地，而人以为享福之地。

壮年正勤学之日，而人以为养安之日。科第本消退之根，而人以为长进之根。

盛者衰之始，福者祸之基。福莫大于无祸，祸莫大于邀福。

本类简评

"悖凶"就是悖谬、错误的言行所造成的各种凶险，以此来警示人们修身养性，举手投足之间都要谨慎。本类格言主要阐述作恶必将招致祸患，文中屡次出现“阴德”、“阴骘”、“鬼神”等词语，用以教化人们多行善，勿作恶。作者看来，行善可泽被后世，作恶会祸殃子孙，这正是古代“承负观”与因果报应说最朴素、最直接的体现。作者在此章对“恶”的批判，主要集中在这几个方面：仗势欺人、纵欲无度、阴谋害人。作者认为，作恶之人不仅为亲族、乡党、同僚、世人所鄙夷，亦将受到冥冥之中鬼神之惩罚；不仅不得善终，亦将遗祸子孙，殃及后代。此章重点强调了“欲”的危害与可怕之处。就本章而言，“欲”是大多数恶的来源，是恶人作恶的最根本原因。因此，破除欲望、克服欲念本身就是一种善行。而破除欲望、克服欲念的途径则为“存天理”，这又体现了宋明理学“天理人欲”的思想。趋利避害为人之天性，行善以积攒阴德，造福子孙，同样是趋利避害的体现。必须指出，这些观念具有明显的时代局限性。当然，这种观念在中国古代无疑还是起到了一定的教化作用，它利用人们心中对鬼神的敬畏，趋利避害的天性，从而引导人们去恶行善。